Das Buch

»Pasolini ist ein Ketzer der marxistischen Religion. Er schrieb nicht nur gegen die etablierte Macht, sondern auch gegen jene, die in Opposition zu dieser Macht standen, gegen die ›zukünftige Macht‹, vor allem gegen die kommunistischen Intellektuellen. ... Pasolini gehörte zur Opposition der Opposition, gelangte durch permanente Kritik zu immer neuen Positionen; er war ›engagiert‹, aber als Freibeuter«, schreibt Maria-Antonietta Macciocchi in ihrem Vorwort zu den ›Freibeuterschriften‹.
Das Buch erschien 1975 bei Garzanti in Mailand unter dem Titel ›Scritti corsari‹. Es versammelt Artikel und kulturkritische Polemiken, die in Tageszeitungen – meist auf der ersten Seite – erschienen. Die Mehrzahl im ›Corriere della sera‹, »der ›heiligen Kuh‹ aller gutbürgerlichen Intellektuellen von links bis rechts«. Die Artikel fanden Zustimmung und Widerspruch, sie wurden diskutiert. Die Art von öffentlicher Auseinandersetzung ist Beispiel für eine politische Kultur in Italien, die es in Deutschland in dieser Form nicht mehr gibt. Schriftsteller wie Italo Calvino, Umberto Eco, Manganelli antworteten, aber auch Mitglieder der Regierung, selbst der Ministerpräsident.
Zu den Themen gehörten: Zivilisationskritik, der Untergang der bäuerlichen Welt Italiens, bewirkt – nach Ansicht Pasolinis – durch die Medien Fernsehen und Radio, Kritik an der Abtreibungsdiskussion – Pasolini war gegen die Abtreibung –, Kritik an der Studentenrevolte, Kritik an der Katholischen Kirche.

Der Autor

Pier Paolo Pasolini, geboren am 5. 3. 1922 in Bologna, aufgewachsen in Casarsa (Friaul), wurde am 1. 11. 1975 in Ostia ermordet. Er schrieb Gedichte in friaulischer Mundart, veröffentlichte mehrere Lyrikbände u. a. ›Gramsci's Asche‹ (1975), mehrere Romane ›Amado mio‹ (1982), ›Der Traum von einer Sache‹ (1962), ›Ragazzi di vita‹ (1955), ›Una vita violenta‹ (1959).

studio dtv

Pier Paolo Pasolini:

Freibeuterschriften

Aufsätze und Polemiken
über die Zerstörung des Einzelnen
durch die Konsumgesellschaft

Aus dem Italienischen von
Thomas Eisenhardt
Mit einem Vorwort von
Maria-Antonietta Macciocchi
und einem Nachwort von
Agathe Haag

Deutscher
Taschenbuch
Verlag

dtv

April 1993
Deutscher Taschenbuch Verlag GmbH & Co. KG,
München

Umschlaggestaltung: Christoph Krämer
Satz: IBV Satz- und Datentechnik, Berlin
Druck und Bindung: C. H. Beck'sche Buchdruckerei,
Nördlingen
Printed in Germany · ISBN 3-423-19022-1

Inhalt

Vorwort
Pasolini: Die Ermordung eines Dissidenten

»Vor dem Schriftsteller muß die Psychoanalyse die Waffen strecken«, sagte Freud über Dostojewski. Pasolini, wenige Monate vor seinem Tod befragt, wie er sich definieren würde, antwortete: »Schriftsteller«. Während sich mir dieser Schriftsteller tatsächlich langsam in den Schriftsteller *an sich* verwandelt, vor dem der Analytiker nur seine spezifische Hilflosigkeit beweisen kann, kommt mir wieder jene eigenartige Charakterisierung Pasolinis in den Sinn: »Er hatte ein ausgemergeltes Gesicht, eingeklammert zwischen hervorstehenden Backenknochen, so wie Dostojewski.« Was ich damit sagen möchte – und was auf keinen Fall dogmatisch verstanden sein will – ist, versuchsweise eine andere Beziehungsebene zu diesem Schriftsteller zu finden: Zum ketzerischen Pasolini, zum *absoluten* Politiker, zum Freibeuter-Poeten, zum Anti-Orthodoxen, der stets entschlossen war, sofort alles zu widerrufen, sobald es offiziell vereinnahmt wurde. Es geht mir nicht darum, Pasolinis schillernde, facettenreiche Vielfalt, die Vergangenheit und Gegenwart verbindet, lehrmeisterlich zu erläutern, denn dieses Stück Vergangenheit – die Ermordung eines Dissidenten – ist zur Gegenwart Italiens geworden.

Pasolini ist im November 1975 ermordet worden. Einige Tage später schrieb ich in ›Le Monde‹: »Es handelt sich um ein politisches Verbrechen. Pasolini ist von einer Welt ermordet worden, die sich entschieden gegen ihn sträubte, die seine Übertretung sexueller, politischer und künstlerischer Tabus einfach nicht ertrug, diese nahtlose, öffentlich zur Schau getragene Einheit von Engagement und Leben... Der Haß, der Pasolini von einer ganzen Gesellschaft entgegenschlug, hat sich in der Inszenierung eines Verbrechens verdichtet: Einer öffentlichen Hinrichtung, einem Lehrstück vor aller Augen.« Dieser Kommentar unmittelbar nach dem Tod Pasolinis brachte damals alle gegen mich auf: Die empörte Geistlichkeit, die bigotten Moralisten, die Apologeten des herrschenden Systems und, selbstverständlich, die KPI mit ihrer obligaten Verurteilung. Er habe seinen Tod

»gesucht«, »gewollt«, er habe ihn geradezu bestellt oder besser, d. h. analytischer, gesagt, er sei »todessüchtig« gewesen. Zwei Jahre lang hat man sich mit diesen »Erklärungen« begnügt...

Erst 1977 konnte Moravia im Vorwort zu einem wichtigen Buch schreiben: »Pelosi und die anderen (Mörder) waren der Arm, der Pasolini tötete, aber die Auftraggeber waren Tausende, im Grunde die ganze italienische Gesellschaft.« (›Pasolini: cronaca guidiziaria, persecuzione, morte‹, Garzanti 1977)

Was in diesem Italien 1974, ein Jahr vor der Ermordung Pasolinis, als KPI-DC-Regierung unter dem Namen »Historischer Kompromiß« langsam Form annahm, ist heute umso mehr Anlaß, in den ungeklärten, komplexen und subtilen Bereich dieses Verbrechens einzudringen, eines Verbrechens, dessen Komplizen jenen Institutionen angehören, denen es um eine allumfassende Sozialordnung geht. Ich habe die dunkle Vermutung, daß Pasolini nicht nur ermordet werden *konnte*, sondern ermordet werden *mußte* in diesem Klima, in dem man der KPI die Rolle zuteilte, eine neue Moral zu etablieren, eine ganze Gesellschaft von Grund auf zu sanieren, staatstragende Ordnungsmacht zu werden in einem »grauenhaft dreckigen Land« (so Pasolini).

Pasolini war Kommunist und Homosexueller. Die italienische Bourgeoisie haßt die Kommunisten zwar, respektiert sie aber als Hüter »nationaler« und »ziviler« Tugenden, die sie ihrerseits längst dem (industriellen) Profit geopfert hat. Daher wurde Pasolini nicht gehaßt, weil er sich Kommunist nannte, sondern weil er – als Kommunist – sexuelle Tabus in Frage stellte und zwar einfach durch die Identität von künstlerischem und politischem Engagement, die Identität von Leben und Kunst. Gerade das war eine permanente Provokation für die Heuchelei, das Speichelleckertum, den »Faschismus« einer italienischen Intelligentia; und Pasolinis Ketzertum wurde vollends unerträglich, als er sich 1973/74 in einer Art journalistischem Experiment, auf die »Massenketzerei« verlegte, indem er anfing, Artikel zu schreiben, die er (mit Vorliebe) im ›Corriere della sera‹ veröffentlichte, einer Zeitung mit sehr hoher Auflage, der »heiligen Kuh« aller gutbürgerlichen Intellektuellen von links bis rechts. Wie ein »Freibeuter« stürzte sich Pasolini mit seinen Artikeln (den späteren ›Freibeuterschriften‹) in ein Meer politischer und kultureller Polemik.

Wegen ihrer Klarheit und Direktheit werden die ›Freibeuterschriften‹ in der italienischen Geschichte eines der eindrucksvollsten Beispiele dafür bleiben, wie sich ein Schriftsteller mit einem Massenpublikum auseinandersetzen kann: Jedermann las die Artikel, empörte sich, stimmte ihnen zu oder diskutierte sie; Intellektuelle und Politiker schrieben Gegenartikel, oft mit haßerfüllter leerer Phrasendrescherei, hinter der Pasolini mit Recht den Ruf nach Lynchjustiz spürte. Als z. B. der Chefredakteur der ›Unità‹, Maurizio Ferrara, ihm vorhielt, seine Behauptungen seien einfach »verrückt«, antwortete er: »All das, was ich in meinen ›verrückten‹ Artikeln behauptet habe, ist durch Ferraras Interpretation zur Karikatur reduziert worden... Es geht hier mit anderen Worten um Lynchjustiz... Denn man lyncht einen Menschen, wenn man seine Gedanken umformt wie's beliebt und ihn zur billigen Zielscheibe für Verachtung und öffentlichen Spott macht.« Denselben Vorwurf richtete er an die Tageszeitung ›La Stampa‹: »Man hat mit Fingern auf mich gezeigt, um mich zu steinigen, ganz unbewußt hat man es getan, ohne sich weiter darüber Rechenschaft zu geben.«

Dieser Haß wandte sich, wie gesagt, weniger gegen einen sexuell andersartigen Menschen, sondern zuallererst gegen den »Dissidenten der Dissidenten«, der sexuelle *und* politische Tabus brach, der sich Kommunist *und* Homosexueller nannte, außerdem Mystiker, Dichter und Schriftsteller, Filmemacher, Literaturkritiker, Romancier, Künstler. Eine unerträgliche und gefährliche Provokation, an der sich die italienische Gesellschaft im Namen der allgemeinen Moral unbewußt rächte. Pasolinis Verbrechen war, daß er nicht nur die Grenzen der etablierten bürgerlichen Moral (die immerhin den Salò-Faschismus hinter sich hatte) ständig überschritt, sondern – weit schlimmer noch – auch die Grenzen der kommunistischen Moral. Denn der moralische Totalitarismus des »Historischen Kompromiß«, der mehr und mehr auch politisch werden will, zerstört die endlose dialektische Wechselbeziehung von Macht und Opposition, und dieser Tod der Opposition »sexualisiert« eine latent faschistische Gesellschaft hemmungslos, macht sie gewalttätig, versetzt sie in eine wilde und mörderische Sprachlosigkeit, deren »Sprache« die

Waffengewalt ist, und mit der sie den im Grunde sexuellen Charakter der sozialen Beziehungen vertuschen will.

Wie paranoid können solche sozialen Beziehungen sein? Sollers hat seinerzeit geschrieben: »Wenn man davon ausgeht, daß bestimmte soziale Beziehungen pervers, d. h. *ihrer innersten Natur nach homosexuell sind,* werden diese Beziehungen gerade in Italien zu einer äußerst gefährlichen Sache, eben weil sie nicht im geringsten homosexuell sind. Dieses Paradox ist die Logik an sich. Pasolini ist getötet worden, um die verdrängte Homosexualität einer ganzen Gesellschaft unbewußt bleiben zu lassen, um sie im Blut desjenigen zu ertränken, der sie beim Namen nennen konnte. Hier hat eine kollektive Sprachlosigkeit ihren barbarischen Ausdruck gefunden.« (Kongreß »Sexualität und Politik«, Mailand 1975, veröffentlicht in ›Tel Quel 65‹)

Die Gewalttätigkeiten gegen Pasolini haben eine lange Geschichte. Wir müssen zurück in die fünfziger Jahre, in die Ära des Kunstzaren Schdanow gehen: Das »Todesurteil« über Pasolini wird von einem Staats- und Partei*tribunal* zum ersten Mal angekündigt, als er siebenundzwanzig Jahre alt ist, im Oktober 1949. Der »Historische Kompromiß« als kleinbürgerlicher Konformismus, als *moralische Ordnung* wirft seinen Schatten voraus, verwirklicht sich zum ersten Mal in der doppelten Verurteilung durch zwei Institutionen: Die eine ist die DC, die in Pasolini den Klassenfeind sieht, die andere ist die KPI, für Pasolini die Verkörperung aller Hoffnungen, sein roter Frühling. Er schreibt Wandzeitungen, die er an die Mauern seines Dorfes klebt (1947 ist er KPI-Mitglied und Sekretär der Sektion Casarsa in Friaul geworden), politische Erzählungen im friaulischen Dialekt (um die Uniformität der italienischen Hochsprache zu durchbrechen), polemisiert gegen die lokale DC, erfindet Gleichnisse wie den »Dialog zwischen einem armen Kommunisten und einem christ-demokratischen Ausbeuter«. Den Genossen wird er langsam suspekt, denn sein Haß auf die DC steht einer politischen und moralischen Annäherung von DC und KPI im Wege, zudem beruft er sich in seinen Schriften auf das Unterbewußte, das Irrationale, auf Freuds Traumdeutung und auf die Psychoanalyse, Verweise, die zu jener Zeit so modern sind, daß sie ihn nur isolieren können. Wie gesagt, es war die Zeit von Schdanow, die

Zeit, in der Sartre zur »Schreibtischhyäne« erklärt wurde von Fadejew, dem Barden des sozialistischen Realismus, dem Schmäher ›dekadenter‹ Kultur. Es war die Zeit, in der auf dem Breslauer Kongreß der Kalte Krieg gegen »degenerierte Intellektuelle« erklärt wurde. Die sowjetische Delegation ließ damals verlauten: »Die Monopolkapitalisten brauchen die ›fauves‹, um ihre Pläne zur Errichtung einer Weltmacht zu realisieren, und die reaktionären Philosophen, Künstler und Schriftsteller sind bereit, ihren Herren zu dienen. Man verherrlicht Schizophrenie, Morphinisten, Sadisten, Zuhälter, Provokateure und Deserteure, Spione und Gangster. In Romanen, Versen, Bildern und Filmen wimmelt es nur so von diesen menschlichen Bestien. Das sind die ›Helden‹, die man nachahmen, denen man folgen soll.«[1]

Auch Togliatti wollte eine Partei, frei von »künstlerischen Degenerationen«[2], einerseits um nach der Wahlniederlage vom 18. April 1948 der katholischen Kirche eine Moralgarantie zu geben, die »proletarische Moral«, andererseits um zu zeigen, daß er auf seiten der »russischen Kirche« stand, die gerade ihren Bannfluch gegen die »degenerierten Intellektuellen« schleuderte.

Was in diesem Zusammenhang noch nie analysiert worden ist, und was ich gern einmal zur Diskussion stellen möchte, ist der Männlichkeitsmythos, der in den kommunistischen Parteien von Anfang an da war, seit Marx, Lenin und Stalin, und bis heute geblieben ist. *Parti, Père, Puissance* (Partei, Vater, Macht – merk-

[1] Diese Beleidigungen, die uns als archaische Relikte der stalinistischen fünfziger Jahre erscheinen mögen, sind gar nicht so überholt. Man kann sie noch heute lesen, so z. B. in einem Bericht über eine merkwürdige Sitzung, die am 21. Dezember 1977 in Moskau im großen Saal des zentralen Schriftstellerverbandes stattgefunden hat. Das Merkwürdige waren einerseits die antisemitischen Äußerungen, die hauptsächlich von seiten des alten Michael Suslow kamen, seit eh und je ein Hohepriester jener Ideologie, die in den fünfziger Jahren unbedingt »Majakowskj dem jüdischen Zugriff« entreißen wollte. Andererseits waren es die massiven Rückgriffe auf Breslau in der »neostalinistischen« Rede des »Hauptredners des Abends«. ›Le Monde‹ schreibt: »Der Hauptredner des Abends war Piotr Paliewskj, der noch 1975 in seinem Buch ›Die Kunst des Realismus‹ Künstler wie Picasso, Strawinskj, Chlebnikow als Gauner und Stümper diffamiert hatte, und auch an diesem Abend einmal mehr die avantgardistische Kunst verdammte.«

[2] 1950 schrieb Togliatti in der ›Rinascità‹ unter dem Pseudonym Roderigo di Castiglia über das Buch ›Ein Gott, der keiner war‹: »Wenn man Gide so hört... möchte man ihm doch empfehlen, sich lieber mit Päderastie zu beschäftigen, wovon er wirklich etwas versteht.« Der Kommentar schließt ganz im Sinne von Breslau: »Ein Abgrund von Korruption und Degeneration, der es wagt, unter der Maske verfeinerter Intellektualität aufzutreten.«

würdigerweise die gleichen Initialen, die Pasolini oft verwendet hat – P. P. P.). Eine Männerpartei für alles Männliche. Eine Partei, die zwangsläufig alles *Fremd*artige, *Eigen*artige an den Rand drängen, alles *Anders*artige illegalisieren muß: Frauen, Homosexuelle, Randfiguren, Subproletarier.

Der Ausschluß Pasolinis aus dieser Männerpartei wegen »moralischer Unwürdigkeit« läßt sich 28 Jahre später rekonstruieren dank eines (erst nach seinem Tode veröffentlichten) Briefes an den Genossen Carlino: Ein Priester habe ihn erpressen wollen: Entweder er mache Schluß mit dem Kommunismus oder seine Lehrerlaufbahn sei zu Ende. Aus purem *»odium theologicum«* habe ihn die DC in Casarsa von Carabinieri bespitzeln lassen, solange bis der öffentliche Skandal fällig gewesen sei, bis man ihn wegen »Unzucht mit Abhängigen«, d. h. mit Schülern, habe anklagen können (eine Anklage, die 1952 vom Gericht fallengelassen wurde, nicht aber von der Partei). Entlassung aus dem Schuldienst; kurze Zeit später Entzug des Parteiausweises. »Ich bin ohne Arbeit«, schreibt er an Carlino, »also praktisch am Bettelstab. Schlicht und einfach, weil ich Kommunist bin. Über die teuflische Perfidie der Christdemokraten wundere ich mich nicht: Ich wundere mich über Eure Unmenschlichkeit. Von ideologischen Abweichungen zu sprechen, ist einfach nur dumm. Trotzdem bleibe ich jetzt und in Zukunft Kommunist. Ein anderer hätte sich an meiner Stelle das Leben genommen. Ich muß leider für meine Mutter leben.«

P. P. P. hatte – als schamhafter Homosexueller – gehofft, die Partei würde auch ihm sexuelle *Normalität* bescheinigen, der Parteiausweis könne Unschulds- und Männlichkeitssymbol zugleich sein. Wie ein Dichter (oder ein Kind) hatte er die »Religion seiner Zeit«[3] angerufen, um seine Ängste zu bannen. Aber die Partei, die sich das Recht anmaßte, zu bestimmen, was männlich sei und was nicht, entzog Pasolini öffentlich die »Bescheinigung« seiner Männlichkeit. Sie stempelte ihn ab als Homosexuellen, Partei-Unwürdigen, ANDERSARTIGEN, Ab-Normalen, Il-Legalen, als UN/organischen Intellektuellen. Verbannte ihn in die tiefste Hölle der Sexualität. Für den Moloch Partei/Staat existierte so

[3] ›La religione del mio tempo‹ (Die Religion meiner Zeit) ist der Titel eines seiner Gedichtbände, 1961.

etwas wie *Unschuld* nicht. Und Pasolini, offiziell der SÜNDE angeklagt, war gezwungen, sich nun öffentlich zu seiner *illegalen* Sexualität zu bekennen, bis zur Provokation, zur Raserei, zum Delirium; zugleich aber als »Häretiker« gegen die verwissenschaftlichte Rationalität des Marxismus zu wüten. So ist auch »wüten« das letzte Wort in jenen Versen aus ›La glicine,‹ die den vital-chaotischen Verlauf seiner Ketzerwerdung kommentieren: »Ich habe meine Kräfte verloren / Ich weiß nicht mehr, was das ist: *Rationalität.* / Mein Leben versandet / – das Leben eines gefallenen Engels – / verzweifelt, daß die Welt / nur grausam ist / und meine Seele wütet.« (Aus ›La religione...‹).

Nach 1949 wird Pasolini nie mehr von seinem Parteiausschluß sprechen... Mittellos zieht er mit seiner Mutter nach Rom, und in einer grauen Vorstadt über dem grauen Tiber findet er – »wie in einem Roman« – eine Stelle als Lehrer an einer Privatschule. Das plebejische, subproletarische, gewalttätige Rom nimmt ihn auf und wird Inspirationsquelle für seine weitere Arbeit.

Er wird schnell berühmt in diesen Jahren. Wir, seine kommunistischen Freunde, haben allerdings nie etwas von seinen bitteren Erlebnissen, von seiner nie verheilten Wunde erfahren. Er war für uns, wie für alle damals, ein genialer Dichter, selbst für die Kommunisten, die als einzige von der ganzen Sache wußten.

Der Begriff »Dichter« tauchte übrigens auch in jener ›Unità‹-Schlagzeile vom 28. Oktober 1949 auf: »Der Dichter Pasolini ist aus der Partei ausgeschlossen worden.« Dieses Wort »Dichter« als Synonym für Unverantwortlichkeit, Extravaganz, Windigkeit, Bestechlichkeit beleuchtet – besser als hundert Erklärungen – das Verhältnis von Kultur und kommunistischer Bewegung. »Gehen wir den Tatsachen auf den Grund, die eine so schwerwiegende Maßnahme gegen den Dichter Pasolini nötig gemacht haben«, schrieb die ›Unità‹ damals, »um noch einmal den verderblichen Einfluß gewisser philosophischer Strömungen, vertreten durch Leute wie Gide, Sartre und andere zahlreiche dekadente Literaten, aufzuzeigen, die sich progressiv geben, in Wirklichkeit aber die düstersten Seiten der bourgeoisen Degeneration verherrlichen.«

Dieser »Schdanowismus«, der so gewalttätig aus diesen Zeilen spricht, gehört vielleicht zum Grundwesen des Marxismus, so wie seine Negation des Irrationalen. Pasolini jedenfalls wird nie aufhören, vom Marxismus das »Recht auf Irrationalität« zu fordern: »Die Kette ist gebrochen, jene Kette – sage ich –, welche die ›absolute‹ Dichtung seit RIMBAUD, seit POUND bis hin zu den exquisiten Dialektdichtern umfaßt hat… Und trotzdem ist etwas von jener dionysisch-intellektuellen Trunkenheit der Sprache geblieben, ein Rest, der zum *Irrationalen an sich* hindrängt, das untrennbar von jeder Art von Dichtung ist. Zu jeder Dichtung, so verkümmert sie sein mag, gehört ein Quantum nicht auflösbare Expressivität. MARX hat das Irrationale nicht in Betracht gezogen: Ich sage MARX und meine Marxismus.« (In der Zeitschrift ›Ulisses‹, September 1960)

Pasolini ist ein Ketzer der marxistischen Religion. Er schrieb nicht nur gegen die etablierte Macht, sondern auch gegen jene, die in Opposition zu dieser Macht standen, gegen die »zukünftige Macht«…, vor allem gegen die kommunistischen Intellektuellen: »Sie schauen voll Angst / halb bewundernd, halb haßerfüllt / auf den, der es wagt zu opponieren / gegen die etablierte Opposition.« (›La nuova gioventù‹, 1975) Pasolini gehörte zur Opposition der Opposition, gelangte durch permanente Kritik zu immer neuen Positionen; er war »engagiert«, aber als »Freibeuter«:

»Wenn ich in die KPI eintreten könnte, so täte ich es und würde dann / mit einer Loyalität handeln, die auch das Gewissen zum Schweigen bringen könnte /… Übrigens / habe ich immer respektvoll gegen die KPI opponiert und eine Antwort / erwartet auf meine Einwände. Um dialektisch fortschreiten zu können! / Diese Antwort ist nie gekommen: Eine brüderliche Polemik / ist für eine blasphemische gehalten worden…« (›Trasumanar e organizzar, 1971)

Die Linke hat im Lauf der Jahre sein Genie begriffen, ihn aber weiterhin mit einer geradezu archaischen Intoleranz behandelt: 1960 lud ich ihn ein, bei ›Vie nuove‹ – einer kommunistischen Wochenzeitschrift, die das ZK der KPI herausgab und die ich damals leitete – eine Leserbriefrubrik zu übernehmen, in der er »Dialoge« mit den Lesern führen sollte. Seine Rubrik in ›Vie nuove‹[4],

[4] Die Leserbriefe und Pasolinis Antworten sind unter dem Titel ›Le belle bandiere‹ 1977 bei ›editori riuniti‹ veröffentlicht worden. Mein Briefwechsel mit Pasolini ist dabei allerdings der Zensur zum Opfer gefallen.

die man mit seinem Vers »Und ihr Kommunisten, meine Genossen/Nicht-Genossen« hätte überschreiben können, wirkte zwar gebührend skandalös, die Partei jedoch wollte vorerst ihre »Offenheit gegenüber anerkannten Intellektuellen« demonstrieren. Ich versuchte, ihn vor der Überwachung durch die Partei-Kontrollkommission in Schutz zu nehmen, außerdem vor meinen Mitredakteuren, die sich ständig über sein Privatleben mokierten, ihn »Schwuli«, »Anarchisten«, »Irren« usw. nannten, denen er aber einfach den Rücken kehrte. Er hatte sich entschlossen, auf kommunistischem Boden, d. h. aus dem Zentrum einer Partei-Wochenzeitschrift, gegen marxistische Orthodoxie und bigotte kommunistische Moral anzutreten. Ich war dabei mit meinen Sympathien auf seiner Seite, denn als Frau war ich wie er im Innern des Parteiapparates eine Randfigur, eine Ausgeschlossene oder zumindest jemand, der ständig in Gefahr war, ausgeschlossen zu werden; wir waren verschieden, andersartig.

In einem der ersten Antwortbriefe in ›Vie nuove‹ nahm er eine Debatte wieder auf, die nie offen geführt worden war: Die Debatte über seinen Parteiausschluß. Er wandte sich gegen die Prüderie, »diese altjüngferliche, moralinsaure Ängstlichkeit«, die die kommunistische Presse Italiens und damit die Partei und den Marxismus charakterisierten: »Das Problem Sexualität ist offensichtlich kein moralisches Problem, aber da das katholische italienische Kleinbürgertum sich bigotterweise daran gewöhnt hat, es als solches zu betrachten, so betrachtet es der durchschnittliche kommunistische Funktionär auch als solches, und zwar aus purer geistiger Faulheit. Ein Schritt hin zum Irrationalen von marxistischer Seite wäre wünschenswert, aber die Marxisten identifizieren das Irrationale mit dem Dekadenten schlechthin und ignorieren es deshalb. Aber das Irrationale (dessen innerster Kern das Problem Sexualität ist) verkörpert einen Teil der menschlichen Seele und ist daher ein permanentes und dringliches Problem.«

In diesen Jahren wurden fortwährend Prozesse gegen Pasolini geführt. Prozesse wegen seiner Filme, seiner Bücher, seines Privatlebens. Immer wieder saß er (wie Fotos zeigen) auf der Anklagebank vor Richtern mit dem Kruzifix über sich an der Wand... Nach einem seiner frühen Prozesse – er war verurteilt worden, weil er am Strand von Anzio ein paar Jugendliche animiert hatte, »mit ihm, gegen Geld, im griechisch-römischen Stil zu ringen« (9. Juli 1960, eine Anklage, von der er später freigesprochen wurde) – forderte mich Togliatti auf, die Pasolini-Rubrik zu streichen, da es die »verantwortlichen Genossen« unerträglich fänden, daß ein Homosexueller für eine Zeitung schreibe, die auch in Proletarierfamilien gelesen werde, ... und in einem Parteirundschreiben an die »verantwortlichen Kulturfunktionäre« bekräftigte er, daß Pasolini nicht als »compagno di strada« (als Weggenosse) betrachtet werden könne und sein möglicher Verlust kein Schaden für die Partei darstellen würde.

Das war nicht die erste Auseinandersetzung zwischen mir und Togliatti wegen Pasolini. Schon einige Zeit vorher hatte er mir einen Brief geschrieben, in dem er sich darüber beschwerte, daß Pasolini den »Anti-D'Annunzianismus«[5] als rhetorisches Krebsgeschwür der italienischen Sprache analysiert hatte. Gleichzeitig machte er mir zur Auflage, einen Protestbrief eines Lesers zu veröffentlichen. Ich tat es. Pasolini antwortete. Aber im Grunde ging es bereits um Parteiausschluß und um die Eliminierung der Rubrik. Ich weigerte mich. Einige Monate später leitete ich ›Vie nuove‹ nicht mehr... Pasolini dagegen führte die Rubrik bis 1965 weiter, ein typischer Vorgang. Man eliminiert die *Dissidenten* im Inneren. Nach *außen* hin wahrt man die Maske der (heuchlerischen) Toleranz... Pasolini, der genau Bescheid wußte, verzichtete auf einen »Solidaritäts«-Rücktritt und machte statt dessen ›Vie nuove‹ zum Schauplatz seiner vehementesten Attacken gegen die Marxologen und schon in diesen Jahren – dem »grauen Morgen der Toleranz« wie Foucault die sechziger Jahre genannt hat – klagte er Italien als Land des Kleinbürgertums an, eines neuen Faschismus mit dem schönen Namen »Wohlstandsgesellschaft«...

In der Tat waren ihm gerade die Faschisten ständig auf den Fersen, während seines ganzen Lebens lauerten sie ihm auf, verfolgten ihn, überfielen ihn. 1970, zehn Jahre nach unserem ›Piratenstück‹ der ›Vie Nuove‹-Rubrik, lud ich ihn nach Castellamare

[5] Nach dem Schriftsteller d'Annunzio, einem »rhetorischen« Schriftsteller der Jahrhundertwende, der sich später den Faschisten anschloß und dessen ›Rhetorik‹ nach 1945 ein beliebtes Angriffsziel antifaschistischer Kritiker war.

ein, einem Arbeiterzentrum bei Neapel – ich war inzwischen Abgeordnete in Neapel –, zu einer Vorführung seines Films ›Medea‹. Pasolini benutzte die Gelegenheit, um über die »sexuelle Wahrheit der sozialen Beziehungen« zu sprechen... An diesem Abend fielen die Faschisten buchstäblich über den kleinen Ort her mit dem Schlachtruf: »Schlagt Pasolini tot!« Arbeiter, die als Ordner fungierten, beschützten ihn zwar, aber ich wurde am nächsten Tag vom Parteibüro in Neapel schärfstens kritisiert – das bürgerliche Blatt ›Il Mattino‹ wiederholte die Kritik mit praktisch denselben Worten. Das alte Lied. Pasolinis Testament, der ›Salò‹-Film, gipfelt in der Einsicht, daß Gewalt, von Machthabern ausgeübt, im Grunde immer gleich ist...

Sein letzter Text, den man ebenfalls »Testament« genannt hat, da er ihn wenige Stunden vor seinem Tod geschrieben hatte, ist ein politisches Programm, das er beim Kongreß der Radikalen Partei am 4. November 1975 in Florenz verlesen wollte. Es endet: »Vergeßt unverzüglich die großen Siege und fahrt fort, unerschütterlich, hartnäckig, ewig in Opposition, zu fordern: fahrt fort, Euch mit dem Andersartigen zu identifizieren, Skandal zu machen, zu lästern.«

Pasolini verkörpert den Schnittpunkt dreier großer Protestbewegungen gegen die Macht des Staates: Den politischen Protest, den sexuellen Protest, den mystischen Protest, d. h. einen Protest des Unterbewußtseins, der »vielleicht nur Ketzerei ohne Ziel ist, eine, die nur erfindet«.

Pasolini war Kommunist, wählte kommunistisch, aber er fühlte sich als vogelfrei, als anders, als *un/organischer Intellektueller* (*un/organisch* im Apparat, um in der Wirklichkeit organisch zu sein). In den ›Freibeuterschriften‹ schreibt er: »Der wahre Faschismus von heute besteht in der gigantischen kulturellen Angleichung, der man Rebellion und Verweigerung entgegensetzen muß, ›Werte‹, die Widerstandskraft erzeugen gegen die Zerstörung des Menschlichen, eine Zerstörung, die Hauptziel der heutigen Machthaber ist.«

Die Konsumgesellschaft hat diesem Sänger der Apokalypse in Rom ein phantastisches Begräbnis bereitet. Die italienischen Intellektuellen – diese lärmenden Hampelmänner, die ihn haßten –, die politische Führungsspitze, die Linke und die KPI überboten sich in ihren »Grabreden« mit raffinierten rhetorischen Stilübungen... Besonders die kommunistischen Parteien haben sich schon immer mit Vorliebe der Kadaver bemächtigt, um sie als Mumien in Mausoleen zu stecken, um ungefährliche Gottheiten aus ihnen zu machen. Entsprechende Studien über den »Begriff des Mausoleums im Marxismus« müssen erst noch geschrieben werden. Jede Religion braucht ihre Seelenverkäufer. Heute verkauft man auf ›Unità‹-Festen Posters mit dem tragischen Haupt Pasolinis, man zeigt seine Filme in Parteisektionen, man spricht von »unserem Genossen Pasolini«. Den »Ausweis«, den man ihm 1949 entzogen hatte, gab man ihm während der Beerdigungszeremonie feierlich zurück, sozusagen für langjährige Treue. In hochtrabenden Nachrufen verwandelten sich alte unversöhnliche Feinde plötzlich in Priester, die das Lob des lieben Verstorbenen psalmodierten...

Aber, wer lebt? Wer ist tot? Worin besteht der Tod?

»Ich bin wie eine Katze, die lebendig verbrannt / von einem Lastwagen überfahren / und von Buben an einem Feigenbaum aufgehängt wurde / die aber noch mindestens sechs / von ihren sieben Leben hat...

Der Tod besteht nicht darin, daß man sich nicht mehr mitteilen / sondern daß man nicht mehr verstanden werden kann...« (Aus ›Poesia in forma di rosa‹, 1964)

Maria-Antonietta Macciocchi
Aus dem Französischen von Agathe Haag.

Die anthropologische Mutation

»Es gibt gewisse Verrückte, die sich die Gesichter und das Verhalten der Leute ansehen. Nicht etwa, weil sie Epigonen eines Positivismus im Stile Lombrosos wären, sondern weil sie die Semiologie kennen. Sie wissen, daß die Kultur bestimmte Leitbilder schafft, daß diese Leitbilder das Verhalten bestimmen, daß Verhalten eine Sprache ist und daß in einem historischen Moment, wo die verbale Sprache immer mehr im Konventionellen erstarrt und völlig steril (sprich: technisch) wird, die Sprache des körperlich-mimischen Verhaltens um so ausschlaggebender wird.«

Pier Paolo Pasolini

Die »Sprache« der Haare

Langhaarige habe ich zum ersten Mal in Prag gesehen. In die Empfangshalle des Hotels, in dem ich wohnte, kamen zwei junge Ausländer mit Haaren bis auf die Schultern. Sie gingen durch die Halle bis in eine etwas abgelegene Ecke und setzten sich an einen Tisch. Dort blieben sie ungefähr eine halbe Stunde sitzen, während die Hotelgäste – und darunter auch ich – sie beobachteten. Die beiden sprachen weder als sie sich durch die in der Halle herumstehende Menschenmenge drängten, noch während sie in ihrer abgelegenen Ecke saßen (vielleicht – aber daran erinnere ich mich nicht mehr – haben sie sich etwas zugeflüstert: doch allenfalls, so nehme ich an, etwas ganz Praktisches, Nichtssagendes).

Die beiden brauchten nämlich in dieser besonderen Situation – die auf jeden Fall öffentlich, gesellschaftlich, ich würde fast sagen: offiziell war – überhaupt nichts zu sagen. Ihr Schweigen war durchaus funktional. Und zwar einfach deshalb, weil Worte überflüssig waren. Die beiden benutzten nämlich, um mit den Umstehenden, mit den Beobachtern – mit ihren Brüdern in diesem Augenblick – zu kommunizieren, eine andere Sprache als die der Worte.

Das, was die traditionelle verbale Sprache ersetzte und überflüssig machte – und im übrigen augenblicklich seinen Platz im weiten Reich der »Zeichen« fand, d. h. im Bereich der Semiologie – war die Sprache ihrer Haare.

In einem einzigen Zeichen – nämlich der Länge ihrer auf die Schultern fallenden Haare – waren sämtliche denkbaren Zeichen einer differenzierten Sprache konzentriert. Was war nun der Inhalt ihrer stummen und ausschließlich körperlichen Botschaft?

Es war folgender: »Wir sind zwei LANGHAARIGE. Wir gehören zu einem neuen Menschengeschlecht, das in diesen Tagen den Erdkreis betritt, das seinen Ausgang von Amerika nimmt und von dem man in entlegenen Provinzen (wie zum Beispiel – oder gerade – in Prag) überhaupt noch nichts weiß. Eine OFFENBARUNG sind wir demnach für euch. Wir üben unser Apostolat aus, ganz durchdrungen von einem Wissen, das uns vollständig erfüllt. Mit Worten und mit dem Verstand haben wir der körperlichen und ontologischen Botschaft unserer Haare nichts hinzuzufügen. Das Wissen, das uns erfüllt, wird, mit Hilfe unseres Apostolates, eines Tages auch euch gehören. Vorläufig ist es noch etwas NEUES, etwas unerhört NEUES, das in aller Welt mit dem Skandal auch eine Erwartung schafft: sie soll nicht enttäuscht werden. Die Bürger haben guten Grund, mit Haß und Schrecken auf uns zu blicken, denn das, was hinter unseren langen Haaren steht, stellt sie vollkommen in Frage. Doch sollen sie nicht etwa glauben, wir seien Barbaren: Wir sind uns unserer Sendung voll bewußt. Wir sehen euch nicht an, wir bleiben für uns. Haltet auch ihr es so und harret der DINGE, die da kommen werden.«

Ich war Adressat dieser Botschaft und konnte sie auch sofort entschlüsseln: Diese Sprache ohne Wörter, ohne Grammatik und Satzbau ließ sich sofort begreifen, und zwar schon deshalb, weil sie – semiologisch betrachtet – nichts anderes war als eine Form jener »Sprache der äußeren Erscheinung«, die der Mensch seit jeher zu gebrauchen versteht.

Ich verstand, und sofort waren mir die beiden unsympathisch.

Später mußte ich dann diese Antipathie beiseite lassen, um die Langhaarigen gegen die Angriffe von Polizei und Faschisten zu verteidigen. Denn natürlich stand ich, schon aus Prinzip, auf der Seite des Living Theatre, der Beatniks usw.; das Prinzip, das mich auf ihre Seite brachte, war einfach das demokratische Prinzip.

Die Langhaarigen vermehrten sich zunehmend – wie die ersten Christen; aber sie brachen nicht ihr geheimnisvolles Schweigen. Die langen Haare blieben ihre einzige wahre Sprache, und es war müßig, dem noch etwas hinzuzufügen. Ihr Sprechen bestand in ihrem Sein. Ihre Wortlosigkeit war die *ars retorica* ihres Protests.

Was sagten die Langhaarigen der Jahre 1966/67 mit ihrer unartikulierten, im monolithischen Zeichen der Haare bestehenden Sprache?

Sie sagten folgendes: »Die Konsumgesellschaft ekelt uns an. Wir protestieren radikal. Wir schaffen durch unsere Verweigerung einen Antikörper zu dieser Gesellschaft. Bisher schien alles bestens zu laufen, was? Unsere Generation sollte eine Generation von Integrierten sein? Aber wir werden euch zeigen, wie es sich wirklich verhält. Auf die Perspektive, als ›executives‹ zu enden, antworten wir mit Wahnsinn. Wir schaffen neue religiöse Werte innerhalb der bürgerlichen Entropie, und zwar genau in dem Moment, wo sie ihre letzten klerikalen Reste ablegt und völlig hedonistisch wird. Wir schreien, sind revolutionär, gewalttätig (die Gewalt der Gewaltlosen!), denn unsere Kritik an der bestehenden Gesellschaft ist total und kompromißlos.«

Ich glaube nicht, daß sie, in traditioneller Manier befragt, imstande gewesen wären, die Botschaft ihrer Haare so artikuliert in Worte zu fassen: Tatsache ist aber, daß sie genau das ausdrückten. Was mich betrifft, so hatte ich zwar von Anfang an das ungute Gefühl, ihre »Zeichensprache« sei Ausdruck einer Protest-Subkultur, gegen eine Subkultur der Herrschenden gerichtet, und ihre nichtmarxistische Revolution sei irgendwie verdächtig. Trotzdem blieb ich noch lange Zeit auf ihrer Seite, bestätigten sie doch zumindest die anarchistischen Momente meiner eigenen Überzeugungen.

Die Sprache jener Haare drückte, wenn auch unausgesprochen, linke Inhalte aus; Inhalte einer Neuen Linken, die *innerhalb* des bürgerlichen Universums entstanden ist (in einer Dialektik, die wohl von jenem Geist geschaffen wurde, der jenseits des Bewußtseins der einzelnen historischen Mächte das Schicksal der Bourgeoisie lenkt).

Schließlich das Jahr 1968. Die Langhaarigen wurden von der Studentenbewegung aufgesogen; sie standen auf den Barrikaden und schwenkten rote Fahnen. Ihre Sprache drückte immer noch linke Inhalte aus (Che Guevara war ein Langhaariger usw.).

1969 hatten sich die Langhaarigen – mit dem Blutbad von Mailand, der Mafia, den Agenten der griechischen Obristen, der Komplizenschaft der Minister, den konspirativen Machenschaften der Neofaschisten, den Provokateuren – bereits ungeheuer verbreitet: wenn auch zahlenmäßig noch nicht in der Mehrheit, so waren sie es doch im Hinblick auf ihr politisches Gewicht. Jetzt blieben sie nicht mehr stumm. Sie überließen das, was sie mitzuteilen und auszudrücken hatten, nicht mehr allein der Zeichensprache ihrer Haare. Im Gegenteil, die körperliche Präsenz der Haare war in gewisser Weise zum bloßen Unterscheidungsmerkmal heruntergekommen. Die herkömmliche verbale Sprache trat erneut in Funktion. Und wenn ich »verbale Sprache« sage, dann tue ich das ganz bewußt und betone es ausdrücklich. Von 1968 bis '70 ist nämlich so ungeheuer viel geredet worden, daß man es heute erst mal für eine Weile lassen könnte: Die Verbalität ist bis aufs Äußerste beansprucht worden, der Verbalismus wurde geradezu zur neuen *ars retorica* der Revolution (Linksradikalismus – die Wortkrankheit des Marxismus!).

Obwohl nun die Haare, von der Flut der Worte überschwemmt, nicht mehr eigenständig zum aufgeschreckten Publikum sprachen, gelang es mir dennoch, durch verfeinerte Entschlüsselungskünste aus dem allgemeinen Getöse die keineswegs unterbrochene, stumme Botschaft jener immer längeren Haare herauszuhören.

Was sagten diese Haare nun? Sie sagten: »Ja, es stimmt, wir drücken linke Inhalte aus; unsere Aussage ist – trotz ihrer Unterordnung unter die verbalen Botschaften – eine linke Aussage... Aber... Aber...«

An diesem Punkt verstummten die langen Haare: den Rest mußte ich selbst ergänzen. Mit dem »Aber« wollten sie offensichtlich zwei Dinge sagen: 1. »Unsere Wortlosigkeit entwickelt immer mehr irrationale und pragmatische Züge: der Primat der Aktion, den wir unausgesprochen behaupten, hat einen subkulturellen und damit einen im wesentlichen rechten Charakter.« 2. »Wir sind inzwischen auch von faschistischen Provokateuren, die sich unter die Verbalrevolutionäre mischen, unterwandert worden (der Verbalismus kann ja auch zur Aktion führen, vor allem, wenn er sie selbst zum Mythos macht); und wir bilden eine perfekte Maske, und zwar nicht nur rein äußerlich (unser ungeordnetes Wallen und Haargewoge macht tendenziell alle Gesichter gleich), sondern auch in kultureller Hinsicht: eine rechte Subkultur läßt sich nämlich ohne weiteres mit einer linken Subkultur verwechseln.«

Kurz und gut, ich verstand, daß die Sprache der langen Haare keine linken Inhalte mehr ausdrückte, sie drückte vielmehr etwas Zwiespältiges aus, etwas Rechts-Linkes, was schließlich das Auftreten von Provokateuren erst möglich machte.

Vor etwa zehn Jahren – so überlegte ich – wäre es praktisch unvorstellbar gewesen, daß sich bei uns, der vorhergehenden

Generation, ein Provokateur hätte einschleichen können (zumindest hätte er ein glänzender Schauspieler sein müssen). Seine Subkultur hätte sich nämlich – *auch äußerlich* – von unserer Kultur unterschieden. Wir hätten ihn auf der Stelle demaskiert und ihm die verdiente Lektion erteilt. Das ist heute nicht mehr möglich. Kein Mensch auf der ganzen Welt kann heute einen Revolutionär vom bloßen Aussehen her von einem Provokateur unterscheiden. Rechte und Linke sind körperlich eins.

Wir sind jetzt im Jahr 1972.

Im September war ich in Isfahan, im Herzen Persiens. Ein unterentwickeltes Land, wie der widerliche Ausdruck lautet, doch gleichzeitig – nicht minder widerlich – in vollem Aufschwung.

Über dem alten Isfahan, so wie es vor etwa zehn Jahren war – einer der schönsten Städte der Welt und vielleicht der schönsten überhaupt – ist ein neues Isfahan entstanden, modern und unglaublich häßlich. Aber auf den Straßen, bei der Arbeit oder gegen Abend beim Spaziergang kann man die gleichen jungen Männer sehen wie noch vor etwa zehn Jahren auch in Italien: jene würdevollen und einfachen Söhne mit ihren schönen Hälsen, den schönen, klaren Gesichtern unter stolzem Haarschopf. Als ich nun eines Abends die Hauptstraße der Stadt entlanggehe, sehe ich unter all diesen jungen Männern in ihrer antiken Schönheit und Menschenwürde zwei monströse Gestalten: zwar keine richtigen Langhaarigen, aber ihre Haare waren europäisch zurechtgeschnitten, hinten lang, vorne kurz, strohig vom vielen Frisieren, mit zwei widerlichen Seitensträhnen künstlich ums Gesicht gepappt.

Was sagten die Haare dieser beiden? Sie sagten: »Wir gehören nicht zu diesen Hungerleidern, diesen unterentwickelten Habenichtsen, diesen zurückgebliebenen Barbaren! Wir sind Bankangestellte, Studenten, Söhne der Neureichen, die bei den Erdöl-Konzernen arbeiten; wir kennen Europa, wir haben Bücher gelesen. Wir sind Bourgeois: Unsere langen Haare beweisen, daß wir Privilegierte, daß wir auf der Höhe der modernen Zeit sind!«

Diese langen Haare deuteten also rechte Inhalte an.

Der Kreis hat sich geschlossen. Die herrschende Subkultur hat die oppositionelle Subkultur geschluckt und sich angeeignet: mit diabolischem Geschick hat sie eine Mode daraus gemacht, die man vielleicht nicht gerade faschistisch im klassischen Wortsinn nennen kann, die jedoch eine »extrem rechte« Realität verkörpert.

Mein Schluß ist bitter. Die abstoßenden Masken, die sich die Jugendlichen aufsetzen und mit denen sie so widerlich aussehen wie die alten Huren einer ungerechten Bilderwelt, schreiben ihnen erneut genau das ins Gesicht, was sie lediglich verbal für alle Zeiten verurteilt hatten. So schimmern sie dann wieder durch, die alten Gesichter des Pfaffen, des Richters, des Offiziers, des falschen Anarchisten, des beamteten Narren, des Winkeladvokaten, des Scharlatans, des käuflichen Knechts, des Schlitzohrs, des rechtschaffenden Halunken. Die radikale und pauschale Verurteilung der Väter – die nichts anderes sind als ein Stück Geschichte und vorangegangener Kultur –, gegen die sie eine unüberwindliche Mauer errichtet haben, hat sie schließlich selbst isoliert, so daß ein dialektisches Verhältnis ihnen gegenüber unmöglich wird. Doch nur durch ein solches dialektisches Verhältnis, so dramatisch und spannungsgeladen es auch sein mag, hätten sie zu einem wirklichen historischen Bewußtsein ihrer selbst gelangen und fortschreitend die Väter »überwinden« können. Statt dessen nagelt sie die Isolation, in die sie sich wie in eine andere Welt, wie in ein Jugend-Getto zurückgezogen haben, in ihrer Realität förmlich historisch fest. Und das führte fatalerweise zu einem Rückschritt. Tatsächlich haben sie ihre Väter rückwärts überholt und dabei in ihrem Äußeren ein Spießertum und eine Armseligkeit und in ihrem Innern Ängste und Anpassungszwänge wiederaufleben lassen, die bereits für alle Zeiten überwunden schienen.

So drücken heute die langen Haare mit ihrer unartikulierten und zwanghaften Sprache nichtverbaler Zeichen in ihrer halbstarken Bildlichkeit genau das aus, was Fernsehen und Werbung ausdrücken: eine Welt, in der ein Jugendlicher ohne lange Haare absolut unvorstellbar geworden ist und für die Interessen der Herrschenden geradezu skandalös wäre.

Es fällt mir nicht nur sehr schwer, sondern macht mich geradezu vezweifelt, das sagen zu müssen – aber: Inzwischen ist es bereits so weit, daß tausende und abertausende Gesichter junger Italiener immer mehr dem Gesicht von *Merlino* ähneln. Ihre

Freiheit, die Haare nach Lust und Laune zu tragen, läßt sich nicht mehr verteidigen, denn sie ist keine Freiheit mehr. Vielmehr ist es höchste Zeit, den Jugendlichen zu sagen, daß ihre Frisuren widerlich, weil servil und vulgär sind. Mehr noch, es ist höchste Zeit, daß sie es selbst merken und sich von diesem unentschuldbaren inneren Zwang befreien, der sie zu Herdentieren macht.

Die Intellektuellen 1968: Manichäismus und Orthodoxie der »Revolution über Nacht«

Vor ein paar Jahren konnte man fast täglich das Gefühl haben, anderntags beginne die Revolution. Gemeinsam mit den Jugendlichen glaubten damals – von 1968 an – auch ältere, teils schon weißhaarige Intellektuelle an eine unmittelbar bevorstehende REVOLUTION, die alles von Grund auf umwälzen und zerstören werde (das SYSTEM, wie man es damals zwanghaft nannte – wers tat, sollte heute noch rot werden). Dieser Glaube an eine »Revolution über Nacht« mochte bei Jugendlichen noch hingehen, bei den Älteren aber nicht: Sie verstießen damit gegen die oberste Pflicht jedes Intellektuellen, die Fakten zunächst kritisch und kompromißlos zu prüfen. Und gerade weil man sagen muß, damals habe die kritische Diagnose wahre Orgien gefeiert, so fehlte es um so deutlicher an wirklichem Willen zur Kritik.

Ohne Gemeinsinn, ohne konkreten Bezug gibt es keine Rationalität. Ohne beides ist Rationalität bloßer Fanatismus. Und so war es in der Tat: auf jenen Generalstabskarten, um die sich die Strategen des »Heute-die-Guerilla-und-morgen-die-Revolution« sammelten, war die »Pflicht« des Intellektuellen zur Intervention nicht auf Notwendigkeit und Vernunft gegründet, sondern auf Erpressung und Parteinahme.

Heute ist klar, daß all dies Produkt der Vezweiflung und eines unbewußten Gefühls der Ohnmacht war. In dem Moment, wo sich in Europa eine neue Gesellschaftsform und eine lange Zukunft programmierter »Entwicklung« abzeichneten (durch die das Kapital eine eigene innere Revolution bewerkstelligte: die Revolution der Angewandten Wissenschaft, die nicht weniger bedeutend ist als jene Erste Saat, die eine tausendjährige bäuerliche Gesellschaft begründete), hat man gespürt, daß jegliche Hoffnung auf eine Arbeiter-Revolution zu schwinden drohte. Eben deshalb wurde so lautstark nach der Revolution gerufen. Mehr noch: es war nach all dem klar, daß zwischen technologischem Kapitalismus und humanistischem Marxismus nicht nur keine Dialektik mehr möglich ist, sondern daß es sich hierbei nachgerade um zwei inkommensurable Größen handelt.

Von daher der Schrei, der in ganz Europa widerhallte und aus dem lauter als jedes andere Wort das Wort *Marxismus* zu hören war. Man wollte – und das mit Recht – nicht mehr hinnehmen, was unannehmbar war. Die Jugendlichen haben verzweifelt die Tage jenes langen Schreis gelebt, der eine Art Exorzismus und ein Abschied von marxistischen Hoffnungen war: die reiferen Intellektuellen, die mit ihnen waren, haben dagegen – ich sage es noch einmal – einen politischen Fehler begangen. Einen politischen Fehler, den im Gegensatz zu ihnen die KPI nicht begangen hat. Die KPI hat bereits damals einigermaßen realistisch die Unabwendbarkeit des neuen historischen Verlaufs des Kapitalismus und seiner »Entwicklung« erkannt: und möglicherweise begann in eben jenen Tagen die Idee des »historischen Kompromisses«.

Geht man davon aus, daß man bei einem Intellektuellen, der außerhalb der Politik steht – einem Literaten, einem Wissenschaftler –, von »Pflicht« zur politischen Intervention sprechen kann, so ist heute höchste Zeit, dies zu tun. 1968 und danach gab es ganz gewiß berechtigte Gründe, aktiv zu werden, zu kämpfen, zu schreien, historisch war es jedoch völlig unvermittelt. Die Revolte der Studenten ist von einem Tag auf den andern entstanden. Es gab keine objektiven, realen Gründe, aktiv zu werden (außer vielleicht der Vorstellung, die Revolution könne man jetzt oder nie machen – eine abstrakte und romantische Vorstellung). Darüber hinaus war das für die Massen wirklich historisch Neue der Konsumismus, der Wohlstand und die hedonistische Ideologie des Herrschaftsapparates. Heute dagegen sind die objektiven Gründe für ein totales Engagement gegeben. Die Notstandssituation ergreift die Massen; genauer gesagt: vor allem die Massen.

Diese Gründe würde ich in zwei Punkten zusammenfassen: zum einen ein »aufgezwungener« Kampf gegen die alten faschistischen Verbrecher, die in ihrer Strategie der politischen Spannung vom Bombenwerfen zur Mobilisierung auf der Straße übergingen, wo der Aufruhr zum Teil durch die ans Äußerste gelangte Unzufriedenheit gerechtfertigt ist; zum andern gilt es, den »historischen Kompromiß« neu zu überdenken, denn er stellt sich heute nicht mehr dar als Eingriff in einen unabwendbaren Geschichtsverlauf, in die »Entwicklung«, die mit unserer Zukunft überhaupt gleichgesetzt wird; er beweist sich heute eher als Hilfestellung für die Machthaber zur Aufrechterhaltung der

Ordnung. Es wäre eine grobe Vereinfachung zu sagen, der »Realismus« des historischen Kompromisses sei endgültig überholt; doch bedarf er zweifellos – und das ist das Mindeste – einer Neubestimmung, die über seinen begrenzten Charakter als »politisches Manöver« hinausgreift. Also eine hoffnungslos verspätete und eine äußerst fortgeschrittene Form des Kampfes. Doch gerade unter diesen ambivalenten, widersprüchlichen, frustrierenden, ruhmlosen, widerwärtigen Bedingungen hat der Intellektuelle die Aufgabe, sich im politischen Kampf zu engagieren; und er wird gut daran tun, dabei die manichäische Wut auf *alles* Schlechte zu vergessen, eine Wut, die Orthodoxie gegen Orthodoxie setzte.

Die erste, wahre Revolution von rechts

In den Jahren 1971/72 begann eine der gewaltigsten und vielleicht auch endgültigsten Restaurationsperioden der Geschichte. Sie vereinigt in sich zwei Naturen: die eine ist tiefgreifend, substantiell und absolut neu, die andere äußerlich, unwesentlich und alt. Die tiefere Natur dieser Reaktion der siebziger Jahre läßt sich also kaum erkennen; ihre äußere Erscheinung dagegen sehr wohl. Und so gibt es auch kaum jemand, der sie nicht als Wiedererwachen des Faschismus in all seinen Variationen sähe, bis hin zu den vermoderten Formen des Mussolini-Faschismus und des klerikal-liberalistischen Traditionalismus (wenn eine solche zwar ungeläufige aber offensichtliche Definition erlaubt sei).

Dieser Aspekt der Restauration (in unserem Zusammenhang allerdings ein unpassender Ausdruck, denn schließlich wird nichts restauriert, was irgend von Bedeutung wäre) ist ein bequemer Vorwand, um den anderen Aspekt zu ignorieren, der weitaus tiefgreifender und realer ist und sich unseren gewohnten Interpretationsmustern leicht entzieht. Dieser andere Aspekt wird lediglich empirisch und phänomenologisch von Soziologen und Biologen erfaßt, die natürlich mit ihrem Urteil zurückhalten oder umgekehrt auf naive Art apokalyptische Bilder entwerfen.

Die wirkliche Restauration oder Reaktion, die 1971/72 einsetzte (nach dem Zwischenspiel von 1968), ist in Wahrheit eine Revolution. Deswegen restauriert sie nichts und kehrt zu nichts zurück; im Gegenteil, sie tendiert dazu, die Vergangenheit buchstäblich auszulöschen, und mit ihr deren »Väter«, deren Religionen, Ideologien und Lebensformen (die heute bereits auf's reine Überleben reduziert sind). Diese rechte Revolution, die zunächst einmal die Rechte selbst zerschlagen hat, hat sich rein faktisch, geradezu pragmatisch vollzogen, durch eine fortschreitende Ansammlung von Novitäten (hauptsächlich durch die Anwendung der Wissenschaften): Sie begann mit der lautlosen Revolutionierung der Infrastrukturen.

Selbstverständlich hörte in all diesen Jahren der Klassenkampf nie auf und geht auch heute noch weiter. Aber genau da liegt der nur äußere Aspekt dieser revolutionären Reaktion, ein Aspekt, der sich ebenso in den traditionellen Formen der faschistischen und klerikal-liberalistischen Rechten wiederfindet.

Während nun die erste Reaktion in (von ihrem Standpunkt aus) revolutionärer Weise sämtliche überkommenen gesellschaftlichen Institutionen – Familie, Kultur, Sprache, Kirche – zerschlägt, macht sich die zweite Reaktion daran, dieselben Institutionen gegen die Angriffe der Arbeiter und Intellektuellen zu verteidigen (wobei die erstere zeitweilig hinter der zweiten in Deckung geht, um bei ihrem Voranschreiten nicht in die Schußlinie des offenen Klassenkampfes zu geraten). Wir leben so in einer Zeit von Scheingefechten, wo sich alles um die alte Thematik der klassischen Restauration dreht, an die sowohl deren Wortführer als auch deren Gegner noch immer glauben. Gleichzeitig wird aber hinter dem Rücken aller Beteiligter die »wahre« humanistische Tradition (nicht jene falsche der Ministerien, der Akademien, der Justiz und der Schulen) zerstört, zerschlagen von der neuen Massenkultur und dem von der Technologie geschaffenen – von perspektivisch auf Jahrhunderte ausgerichteten – neuen Verhältnis zwischen Produkt und Konsum. Und die alte, frühindustrielle Bourgeoisie macht sich auf, das Feld zu räumen für eine neue Bourgeoisie, die auch für die Arbeiterklasse immer mehr und immer tieferes Verständnis aufbringt, was schließlich zur Gleichsetzung der Bourgeoisie mit der ganzen Menschheit führt.

Diese Lage der Dinge wird von der gesamten Linken akzeptiert; denn wer bei diesem Spiel nicht abseits stehen will, der hat keine andere Wahl, als es zu akzeptieren. Von daher rührt der allgemeine Optimismus der Linken, der energische Versuch, sich die von der technologischen Zivilisation geschaffene neue Welt anzueignen, die nichts mehr gemein hat mit all dem, was davor war. Die Linksradikalen gehen in dieser Illusion noch einen Schritt weiter, indem sie dieser von der technologischen Zivilisation geschaffenen neuen Form von Geschichte geheimnisvolle Kräfte der Erlösung und Erneuerung zuschreiben. Sie sind überzeugt, daß der teuflische Plan der Bourgeoisie, das ganze Universum, einschließlich der Arbeiter, nach ihrem Bilde umzugestalten, dazu führen muß, daß die so geschaffene Entropie zur Explosion kommt; und der letzte Funke proletarischen Klassenbewußtseins wird dann genügen, diese (aus eigenem Verschulden) explodierte Welt in einer Art Wiedergeburt aus ihrer Asche aufsteigen zu lassen – ein uralter bürgerlich-christlicher Traum der nicht-proletarischen Kommunisten…

Alte und neue Kulturpolitik

Heute, wo die *austerity* über uns zusammenschlägt, wird viel darüber gejammert, es fehle außerhalb der »bösen« Stadtzentren, in den »guten« Peripheriegebieten (den Schlafsilos ohne Grün, ohne Infrastruktur, ohne Autonomie, ohne einen letzten Rest an menschlichen Beziehungen), an organisiertem sozialen und kulturellen Leben. Rhetorisches Gejammer. Denn gäbe es das, was da als in den Peripheriegebieten fehlend beklagt wird, so wäre es jedenfalls vom Zentrum her organisiert. Von genau jenem Zentrum also, das innerhalb weniger Jahre sämtliche peripherischen Kulturen zerstört hat, die dort – selbst in den ärmsten Vierteln und den Elendsquartieren – bis vor kurzem noch ein eigenständiges und im allgemeinen auch unabhängiges Leben garantiert hatten.

Kein faschistischer Zentralismus hat das geschafft, was der Zentralismus der Konsumgesellschaft geschafft hat. Der Faschismus propagierte ein reaktionäres und monumentales Modell, das sich jedoch nie real durchzusetzen vermochte. Die verschiedenen Sonderkulturen (die der Bauern, der Subproletarier, der Arbeiter) richteten sich vielmehr weiter unbeirrbar nach ihren überlieferten Modellen. Die Repression ging nur so weit, wie es zur Sicherung des verbalen Konsenses erforderlich war. Heute dagegen ist der vom Zentrum geforderte Konsens zu den herrschenden Modellen bedingungslos und total. Die alten kulturellen Modelle werden verleugnet. Die Menschen haben nichts mehr damit zu tun. Man kann von daher behaupten, daß die »Toleranz« der für das neue System von Herrschaft so unentbehrlichen hedonistischen Ideologie die schlimmste aller Repressionen der Menschheitsgeschichte ist. Wie war es nun möglich, daß sich eine solche Repression durchsetzen konnte? Durch zwei Revolutionen, die innerhalb der bürgerlichen Ordnung stattgefunden haben: die Revolution in den Infrastrukturen und die Revolutionen im Informationswesen. Die Straßen, die Motorisierung usw. haben die Peripherie heute bereits eng ans Zentrum gebunden und jede wirkliche Distanz aufgehoben. Weitaus radikaler und entscheidender jedoch war die Revolution im Informationswesen. Mit Hilfe des Fernsehens hat das Zentrum den gesamten Rest des Landes seinem Bilde angeglichen, eines Landes immerhin, das unerhört mannigfaltig in seinen Geschichtsabläufen und reich an originären Kulturen war. Ein Prozeß der Nivellierung wurde eingeleitet, der alles Authentische und Besondere vernichtet. Das Zentrum erhob seine Modelle zur Norm; und diese Norm ist nichts anderes als die der modernen Industrialisierung, die sich nicht mehr damit zufrieden gibt, daß der Konsument konsumiert, sondern mit dem Anspruch auftritt, es dürfe keine andere Ideologie als die des Konsums geben. Ein neo-säkularer Hedonismus, der ahnungslos sämtliche humanistischen Werte vergessen hat und ahnungslos jeder humanen Wissenschaft entfremdet ist.

Die vorausgegangene Herrschaftsideologie war, wie man weiß, die Religion: der Katholizismus war in der Tat formal das einzige kulturelle Phänomen, das alle Italiener miteinander »verband«. Heute muß er nun mit jenem neuen, »vereinheitlichenden« Kulturphänomen – dem allgemeinen Hedonismus – konkurrieren; und die neue Herrschaft hat bereits begonnen, ihn als Konkurrenten auszuschalten. Tatsächlich gibt es nichts Religiöses mehr in dem vom Fernsehen propagierten und verordneten Idealbild des jungen Mannes und der jungen Frau. Sie sind einfach zwei Personen, deren Leben sich nur noch über Konsumgüter verwirklicht (auch wenn sie immer noch sonntags zur Kirche gehen – im Auto selbstverständlich). Die Italiener haben dieses neue Modell mit Begeisterung akzeptiert, dieses Verhaltensmuster, das ihnen das Fernsehen gemäß den Normen der Produktion, der Schöpferin allen Wohlstands (oder besser: der Retterin aus der Not) verordnet hat. Sie haben es akzeptiert: Aber sind sie auch in der Lage, es zu verwirklichen?

Nein. Entweder sie verwirklichen es nur halb, was dann auf eine Karikatur hinausläuft, oder sie schaffen es überhaupt nur in so geringem Maße, daß sie Konsumopfer werden. Frustration oder gar neurotische Angst sind inzwischen zur kollektiven Gemütsverfassung geworden. Zum Beispiel hatten die Subproletarier bis vor wenigen Jahren noch Respekt vor der Kultur, und sie schämten sich nicht, daß sie selbst ungebildet waren. Im Gegenteil, sie waren stolz auf ihr Analphabetentum, da sie doch zumindest das

Geheimnis des wirklichen Lebens kannten. Sie schauten mit einer Art herausfordernder Verachtung auf die »Papa-Söhnchen«, auf die Kleinbürger, mit denen sie nichts zu tun haben wollten, auch wenn sie gezwungen waren, ihnen zu dienen. Inzwischen jedoch beginnen sie sich ihrer Unwissenheit zu schämen: sie haben ihrem alten kulturellen Modell abgeschworen (die ganz Jungen wissen überhaupt nichts mehr davon, sie haben es vollständig verloren), und in dem neuen, das sie zu imitieren versuchen, sind Analphabetismus und Ungeschliffenheit nicht vorgesehen. Die solchermaßen gedemütigten Jugendlichen aus dem Subproletariat radieren aus ihren Personalausweisen die Bezeichnung ihres Berufs aus und ersetzen sie durch die Angabe »Student«. Und nachdem sie einmal begonnen hatten, sich ihrer Unwissenheit zu schämen, begannen sie natürlich auch, die Kultur zu verachten (ein typisches Merkmal des Kleinbürgers, das sie sofort nachahmten). Gleichzeitig wird der kleinbürgerliche Jugendliche bei seiner Anpassung an das »Fernsehmodell« – das, als von seiner eigenen Klasse geschaffenes und gewolltes, ihm mehr oder weniger auf den Leib geschneidert ist – unerwartet roh und unglücklich. Sind so die Subproletarier verbürgerlicht, so sind die Bürger »versubproletarisiert«. Die Kultur, die sie produzieren, hindert mit ihrem technologischen und strikt pragmatischen Charakter den noch in ihnen steckenden alten »Menschen« an seiner Entfaltung; was schließlich zu einer Art Verkrampfung aller geistigen und moralischen Fähigkeiten führt.

Die Verantwortung des Fernsehens für all das ist außerordentlich. Nicht etwa, weil es ein »technisches Medium« ist, sondern weil es Instrument und Träger von Herrschaft ist. Das Fernsehen ist nicht lediglich eine Stelle, die Nachrichten weitergibt, es ist ein Nachrichten-Verarbeitungszentrum. Es ist der Ort, wo sich eine Mentalität konkretisiert, die sich anders nicht verbreiten ließe. Nirgendwo sonst offenbart sich der Geist der neuen Form von Herrschaft so konkret wie im Geist des Fernsehens.

Es steht außer Zweifel, daß das Fernsehen autoritär und repressiv ist wie kein anderes Informationsmedium je zuvor. Demgegenüber sind die faschistischen Zeitungen und die Mussolini-Sprüche auf Hauswänden zum Lachen: so wie (mit Wehmut) der Pflug angesichts eines Traktors. Der Faschismus, ich sage es noch einmal, hat die Seele des italienischen Volkes nicht einmal angekratzt; der neue Faschismus hat sie mit seinen neuen Informations- und Kommunikationsmitteln (und dabei vor allem dem des Fernsehens) nicht nur angekratzt, er hat sie zerfetzt, geschändet, für alle Zeiten beschmutzt...

Studie über die anthropologische Revolution in Italien

Die Schlagzeile der ›Unità‹ vom 2. Juni: »Es lebe die antifaschistische Republik«.

Klar, es lebe die antifaschistische Republik. Aber was für einen *realen* Sinn hat dieser Satz? Versuchen wir, ihn zu analysieren.

Er ergibt sich konkret aus zwei Tatsachen, die ihn im übrigen voll rechtfertigen: 1. der überwältigende Sieg des »Nein« vom 12. Mai; 2. der faschistische Bombenanschlag von Brescia am 28. desselben Monats.

Der Sieg des »Nein« ist in Wahrheit nicht nur eine Niederlage für Fanfani und den Vatikan, sondern in gewissem Sinne auch für Berlinguer und die kommunistische Partei. Warum? Fanfani und der Vatikan haben gezeigt, daß sie von dem, was innerhalb der letzten zehn Jahre in unserem Land abgelaufen ist, überhaupt nichts begriffen haben: das italienische Volk hat sich objektiv und eindeutig als unendlich viel fortschrittlicher erwiesen, als diejenigen dachten, die nach wie vor auf den alten bäuerlichen und frühindustriellen reaktionären Katholizismus gesetzt hatten.

Doch muß man auch den intellektuellen Mut aufbringen, zu sagen, daß ebenso Berlinguer und die Kommunistische Partei nicht richtig begriffen haben, was in den letzten zehn Jahren in unserem Land geschehen ist. Eigentlich wollten sie ja das Referendum gar nicht; sie wollten keinen »Religionskrieg« und wagten kaum, an einen positiven Ausgang der Abstimmung zu glauben; im Grunde waren sie sogar ausgesprochen pessimistisch. Der »Religionskrieg« hat sich dann im Nachhinein als abstruse, mittelalterliche und abergläubische Vorstellung erwiesen, bar jeder Grundlage. Die Italiener haben sich unendlich viel moderner gezeigt, als der optimistischste Kommunist sich das vorstellen konnte. Sowohl der Vatikan, als auch die Kommunistische Partei haben sich in ihrer Analyse der »realen« Verhältnisse in Italien getäuscht.

Sowohl der Vatikan, als auch die Kommunistische Partei haben gezeigt, daß sie die Italiener schlecht beobachtet und nicht mit deren Fähigkeit zu einer möglicherweise sehr raschen und unberechenbaren Entwicklung gerechnet hatten.

Der Vatikan beweint nun seinen Irrtum. Die KPI dagegen tut so, als hätte sie keinen begangen und jubelt über den unverhofften Triumph.

Aber war das ein wirklicher Triumph?

Ich habe gute Gründe, daran zu zweifeln. Inzwischen ist seit jenem glücklichen 12. Mai fast ein Monat vergangen und so kann ich es mir wohl erlauben, Kritik zu üben, ohne befürchten zu müssen, unangebrachten Defätismus zu verbreiten.

Meiner Meinung nach beweisen die 59 Prozent Neinstimmen keineswegs, daß nun auf wunderbare Weise der Fortschritt und die Demokratie gegen den Klerikalismus gesiegt haben; vielmehr beweisen sie zwei Dinge:

1. daß die »Mittelschichten« sich radikal – ich würde fast sagen: anthropologisch – verändert haben: ihre positiven Werte sind nicht mehr die alten, reaktionär-klerikalen, sondern die der hedonistischen Ideologie des Konsums und der daraus folgenden modernistischen Toleranz amerikanischer Machart (wobei diese Werte vorerst nur existentiell erlebt werden und noch nicht »auf den Begriff« gebracht sind). Und es war der Herrschaftsapparat selbst, der – durch die »Entwicklung« einer Überflußproduktion, das Anheizen der Konsumwut, die Mode, die Medien (allen voran in gewaltigem Ausmaß das Fernsehen) – diese Werte geschaffen hat und dabei die traditionellen Werte und selbst die Kirche, die einst deren Symbol war, zynisch über Bord warf.

2. daß das bäuerliche und frühindustrielle Italien zusammengebrochen ist, sich aufgelöst hat, nicht mehr existiert, und an seiner Stelle ein Vakuum besteht, das möglicherweise darauf wartet, von einer vollkommenen Verbürgerlichung im oben genannten Sinne gefüllt zu werden (modernistisch, scheintolerant, amerikanisch angehaucht usw.).

Das »Nein« war zweifellos ein Sieg. Doch was sich in Wahrheit daraus ablesen läßt, ist die Tatsache, daß in Italien eine kulturelle »Mutation« stattgefunden hat, die inzwischen ebensoweit vom traditionellen Faschismus wie von sozialistischer Fortschrittlichkeit entfernt ist.

Wenn die Dinge so liegen, welchen Sinn hat dann das »Blutbad von Brescia« (wie schon zuvor das von Mailand)? Ein faschistisches Massaker, das deshalb auch antifaschistische Empörung mit sich bringt? Hört man bloß auf die Worte, so muß man das bejahen. Blickt man jedoch auf die Tatsachen, kann man es nur verneinen; zumindest läßt sich das Problem nicht nach dem alten Begriffsschema beantworten.

Italien war nie imstande, eine starke Rechte hervorzubringen. Und das ist wahrscheinlich das bestimmende Moment seiner ganzen neueren Geschichte. Doch handelt es sich dabei nicht um eine Ursache, sondern um eine Wirkung. In Italien hat es nie eine starke Rechte gegeben, weil es nie eine Kultur gab, die ihr hätte Ausdruck verleihen können. Es konnte so nur jene plumpe, lächerliche und barbarische Rechte gedeihen, die den Faschismus begründete. In diesem Sinne ist der parlamentarische Neofaschismus die getreue Fortsetzung des traditionellen Faschismus. Allerdings hat sich in der Zwischenzeit *jede* Form von geschichtlicher Kontinuität aufgelöst. Die vom Pragmatismus der neuen Herrschaft geforderte »Entwicklung« hat so etwas wie eine neue geschichtliche Epoche eingeleitet, die in wenigen Jahren das gesamte Leben in Italien radikal »transformiert« hat.

Dieser »qualitative« Sprung betrifft also sowohl die Faschisten als auch die Antifaschisten; denn es handelt sich um den Übergang einer Kultur, bestehend aus Analphabetismus (des Volks) und abgehalftertem Humanismus (der Mittelschichten), verbunden durch eine archaische Ordnung, zum modernen System der »Massenkultur«. Genau besehen eine ungeheure Angelegenheit: ein Phänomen – ich bestehe darauf – von anthropologischer »Mutation«. Dies wohl vor allem, weil sich dadurch die Grundlagen der Herrschaft selbst gewandelt haben. Die »Massenkultur« zum Beispiel darf keine klerikale, moralistische oder patriotische Kultur sein; denn sie ist unmittelbar mit dem Konsum verknüpft, und der kennt nur seine eigenen Gesetze und seine eigene Ideologie. Eine Dynamik, die ganz automatisch einen Herrschaftstyp hervorbringt, der mit Kirche, Vaterland, Familie und ähnlichem Firlefanz nichts mehr anzufangen weiß.

Von der »kulturellen« Gleichschaltung, die sich daraus ergeben hat, sind alle betroffen: Volk und Bourgeoisie, Arbeiter und Subproletarier. Der gesellschaftliche Zusammenhang hat sich im

Sinne einer extremen Vereinheitlichung gewandelt. Es ist ein und derselbe Schoß, aus dem heute sämtliche Italiener kriechen. Und so gibt es denn auch (abgesehen von den verschiedenen politischen Standpunkten – leeren Schemata, die man durch Schaumschlägerei zu füllen versucht) zwischen einem x-beliebigen faschistischen und einem x-beliebigen antifaschistischen Italiener keinen erkennbaren Unterschied mehr. Kulturell, psychologisch und – was am meisten beeindruckt – von ihrem Aussehen her sind sie wechselseitig austauschbar. In ihrem mimischen und gestischen Alltagsverhalten ist nichts, was – außerhalb von politischen Versammlungen und Aktionen – einen Faschisten von einem Antifaschisten unterscheiden könnte (jedenfalls bei den Jüngeren und ganz Jungen; die Älteren lassen sich in dieser Hinsicht noch auseinanderhalten). Das gilt nicht nur für den gemäßigten Durchschnittstyp eines Faschisten wie eines Antifaschisten, bei den Extremisten ist die Gleichschaltung eher noch radikaler.

Das furchtbare Massaker von Brescia geht auf das Konto von Faschisten. Aber sehen wir uns diesen Faschismus doch etwas näher an. Ist es ein Faschismus, der sich auf Gott beruft? Aufs Vaterland? Auf die Familie? Auf die traditionelle Spießertugend, auf eine unduldsame Moral, auf ein tägliches Leben in militärischer Ordnung? Selbst wenn dieser Faschismus sich immer noch so darstellt, als sei er auf all diese Werte gegründet, zeichnet er dann ein ehrliches Bild von sich? Gesetzt den Fall, in Italien wäre mit der Detonation der Bomben der Faschismus wieder hergestellt worden, wäre dann irgendein Neofaschist bereit gewesen, das Italien seiner scheinheiligen und hohlen Nostalgie zu akzeptieren? Ein nicht-kommunistisches, sparsam haushaltendes und – wie er sich das vorstellte – heroisches Italien? Ein unbequemes und bäuerliches Italien? Ein Italien ohne Fernsehen und ohne Wohlstand? Ein Italien ohne Motorräder und Lederjacken? Ein Italien, wo die Frauen noch Schleier tragen und den ganzen Tag zuhause eingesperrt sind? Nein: offensichtlich käme es selbst dem fanatischsten Faschisten anachronistisch vor, auf all diese Errungenschaften des »Fortschritts« zu verzichten. Errungenschaften, die einfach durch ihre bloße Präsenz – ihre totale und allumfassende Präsenz – jedem Mystizismus und Moralismus des traditionellen Faschismus den Boden entziehen.

Der heutige Faschismus hat also nichts mehr mit seinem traditionellen Vorläufer zu tun. Aber womit dann?

Die Jugendlichen der faschistischen Zeltlager, die Jugendlichen der SAM, die Jugendlichen, die Personen entführen und Bomben in Züge legen, bezeichnen sich selbst als »Faschisten« und werden als solche bezeichnet. Doch das ist eine rein nominalistische Definition. Tatsächlich sind sie in jeder Hinsicht identisch mit dem allergrößten Teil ihrer Altersgenossen. Kulturell, psychologisch, physisch – ich sag' es noch einmal – gibt es nichts, was sie voneinander unterscheidet. Sie unterscheiden sich lediglich durch eine abstrakte und apriorische »Entscheidung«, die sich nur dann mitteilt, wenn sie ausgesprochen wird. Es kann passieren, daß man sich stundenlang mit einem jungen faschistischen Bombenwerfer unterhält, ohne zu merken, daß er ein Faschist ist; während noch vor zehn Jahren nicht nur ein Wort, sondern ein einziger Blick genügte, um ihn als solchen zu erkennen.

Der kulturelle Zusammenhang, aus dem diese Faschisten kommen, hat sich gegenüber früher enorm gewandelt. Zehn Jahre italienischer Geschichte haben die Italiener dazu gebracht, beim Referendum mit »Nein« zu stimmen; aber sie haben gleichzeitig – nach demselben tiefgründigen Mechanismus – auch diese neuen Faschisten hervorgebracht, die kulturell identisch sind mit denen, die »Nein« gestimmt haben.

Im übrigen handelt es sich allenfalls um ein paar Hundert oder ein paar Tausend; und wenn Regierung und Polizei es gewollt hätten, wären sie bereits seit 1969 von der Bildfläche verschwunden.

Der Faschismus der Bomben ist also ein nomineller Faschismus ohne eigene Ideologie (denn die wird neutralisiert durch die Qualität des realen Lebens dieser Faschisten) und außerdem ist er künstlich erzeugt: er wird von denselben Mächten gebraucht, die zuerst aus pragmatischen Gründen den traditionellen Faschismus und die Kirche liquidierten (den Klerikal-Faschismus, der in Italien tatsächlich eine kulturelle Realität war), dann jedoch beschlossen, diejenigen Kräfte weiter am Leben zu erhalten, die sich – im Stil der Mafia oder eines Polizeikommissars – der kommunistischen Subversion entgegenstellen ließen. Die wahren Verantwortlichen für die Massaker von Mailand und

Brescia sind weder die jugendlichen Ungeheuer, die die Bomben gelegt haben, noch deren finstere Hintermänner und Geldgeber. Es ist deshalb unsinnig und rhetorisch, wenn man so tut, als trügen diese Jugendlichen mit ihrem *nominellen* und *künstlichen* Faschismus irgendeine reale Verantwortung. Denn die Kultur, der sie angehören und die eben die Elemente für ihre Wahnsinnstaten bereit hält, ist – ich wiederhole – die des allergrößten Teils ihrer Altersgenossen. Nicht nur für sie schafft sie die unerträgliche Situation von Konformismus und Neurose – und folglich Extremismus (der eben genau jener Sprengstoff ist, der aus der Mischung von Konformismus und Neurose entsteht).

Wenn ihr Faschismus die Oberhand bekommen sollte, so wäre es der Faschismus eines Spinola, nicht der eines Caetano: d. h. ein Faschismus, der weitaus schlimmer als der alte, aber im Grunde doch etwas anderes ist. Etwas, was bereits in unser Leben eingegangen ist und von den Faschisten auf erbitterte und monströse Art gelebt wird; allerdings nicht ohne Grund.

Nachtrag zur »Skizze« über die anthropologische Revolution in Italien

Was am meisten beeindruckt, wenn man durch eine Stadt in der Sowjetunion geht, ist die Gleichförmigkeit der Menge: man bemerkt kaum einen Unterschied zwischen den einzelnen Passanten, in der Art, wie sie gekleidet sind, wie sie gehen, in ihrer Art, ernst zu sein, zu lachen, sich zu bewegen, kurz: in ihren Verhaltensweisen. Das »Zeichensystem« der körperlich-mimischen Sprache in einer russischen Stadt kennt keine Varianten: es ist bei allen absolut identisch. Was ist nun der Hauptsatz dieser körperlich-mimischen Sprache? Er lautet: »Hier gibt es keinen Klassengegensatz mehr.« Und das ist eine wunderbare Sache. Trotz aller Irrtümer und Rückschritte, trotz der politischen Verbrechen und Völkermorde Stalins (zu dessen Komplizen sich das gesamte bäuerliche Universum Rußlands gemacht hat) bleibt die Tatsache, daß das Volk 1917 ein für alle Mal den Klassenkampf für sich entschieden und Gleichheit unter den Bürgern hergestellt hat –

und das gibt einem ein tiefes und überschwengliches Gefühl der Freude und des Vertrauens in die Menschen. Denn das Volk hat sich die höchste Freiheit erkämpft: niemand hat sie ihm geschenkt. Es hat sie sich erkämpft.

Auch auf den Straßen der westlichen Welt – wobei ich vor allem über Italien reden will – springt einem die Gleichförmigkeit der Menge ins Auge: auch hier bemerkt man bei den Passanten – vor allem bei den jüngeren – kaum einen Unterschied in der Art, wie sie gekleidet sind, wie sie gehen, in ihrer Art, ernst zu sein, zu lachen, sich zu bewegen, kurz: in ihren Verhaltensweisen. Und von daher kann man sagen, daß, wie in Rußland, das Zeichensystem ihrer körperlich-mimischen Sprache keine Varianten mehr kennt, daß es bei allen absolut identisch ist. Doch während dies in Rußland ein so positives Phänomen ist, daß es einen geradezu in Begeisterung versetzen kann, ist dieses Phänomen im Westen derart negativ, daß es einen in eine Stimmung bringt, die dem endgültigen Ekel und der Verzweiflung nahekommt.

Der Hauptsatz dieser körperlich-mimischen Sprache lautet nämlich: »Die Herrschenden haben beschlossen, daß wir alle gleich sein sollen.«

Der Zwang zum Konsum ist ein Zwang zum Gehorsam gegenüber einem unausgesprochenen Befehl. Jeder in Italien steht unter dem entwürdigenden Zwang, so zu sein, wie die andern: im Konsumieren, im Glücklichsein, im Freisein; denn das ist der Befehl, den er unbewußt empfangen hat und dem er gehorchen »muß«, will er sich nicht als Außenseiter fühlen. Nie zuvor war das Anderssein ein so schweres Vergehen wie in unserer Zeit der Toleranz. Denn die Gleichheit ist hier nicht erkämpft worden, sie ist eine »falsche«, eine geschenkte Gleichheit.

Eins der Hauptmerkmale dieser Gleichförmigkeit in den Lebensäußerungen ist – neben der Verknöcherung des Sprachverhaltens (die Studenten sprechen wie gedruckte Bücher, die Jugendlichen aus dem Volk haben jegliche Kreativität im Gebrauch der Umgangssprache verloren) – die Traurigkeit: was sich fröhlich gibt, ist stets übertrieben, zur Schau getragen, aggressiv, verletzend. Die physische Traurigkeit, die ich meine, ist etwas tiefgreifend Neurotisches. Sie ist Ausdruck einer gesellschaftlichen Frustration. Heute, wo das vom Einzelnen erstrebte gesellschaftliche Verhaltensmodell nicht mehr von seiner eigenen Klasse vorgegeben, sondern von oben herab verordnet ist, sind viele nicht mehr in der Lage, es für sich zu realisieren. Und das ist eine furchtbare Demütigung. Ich will das an einem kleinen und anspruchslosen Beispiel erläutern: früher war der Bäckerjunge einmal eine Gestalt, die immer und ewig fröhlich war: eine Fröhlichkeit, die ihm förmlich aus den Augen sprühte. Er machte pfeifend seine Runde durch die Straßen und ließ seine Sprüche los. Niemand konnte sich seiner Lebensfreude entziehen. Er war sehr viel ärmlicher gekleidet als heute: die Hosen voller Flicken, das Hemd oft nur noch ein Fetzen. Doch all das gehörte zu einem kulturellen Modell, das in seinem Milieu einen Wert, einen Sinn hatte. Und er war stolz darauf. Der Welt des Reichtums hatte er seine Welt, mit eigenen Werten, entgegenzusetzen. Er kam in die Häuser der Reichen mit einem *von Natur aus* anarchistischen Lachen, dessen Spott nichts ausließ; dennoch war er vielleicht voller Respekt. Doch war das eben der Respekt dessen, der aus einer anderen Welt kommt. Und überhaupt: entscheidend ist, daß dieser Mensch, dieser Junge fröhlich war.

Das, was wirklich zählt – ist das etwa nicht das Glück? Wofür macht man denn die Revolution, wenn nicht, um glücklich zu sein? Das bäuerliche und subproletarische Leben vermochte noch eine Art »realen« Glücks in den Leuten auszudrücken. Heute ist dieses Glück der »Entwicklung« zum Opfer gefallen; was bedeutet, daß diese Entwicklung nicht im mindesten revolutionär ist, selbst da nicht, wo sie reformistisch vorgeht. Sie schafft nichts als beklemmende Angst. Nun gibt es tatsächlich Erwachsene in meinem Alter, die hirnverbrannt genug sind zu glauben, daß der (fast schon tragische) Ernst, mit dem heute der langhaarige, schnauzbärtige Bäckerjunge seinen Plastiksack durch die Straßen trägt, angebrachter sei, als die »verrückte« Fröhlichkeit von damals. Ernst zu sein, anstatt zu lachen, halten sie für eine männlichere Art der Lebensbewältigung. In Wahrheit sind sie nichts als Vampire, die befriedigt feststellen, daß auch ihre unschuldigen Opfer zu Vampiren geworden sind. Der Ernst, das würdevolle Benehmen sind widerwärtige Normen, die sich die Kleinbürger selbst auferlegen; und deshalb sind sie glücklich, wenn sie sehen, wie auch die Jugendlichen aus dem

Volk sich »ernst und würdevoll« benehmen. Sie sind überhaupt nicht fähig, sich vorzustellen, worin deren wahre Degradierung besteht: diese Jugendlichen sind traurig, weil sie – nachdem ihre Werte und ihre kulturellen Modelle zerstört wurden – sich ihrer gesellschaftlichen Unterlegenheit bewußt geworden sind.

Völkermord

Wir reden hier nicht über Literatur, ich bin aber – zu meinem Unglück oder Glück – Literat und habe daher nicht immer die passenden Fachausdrücke zur Hand. Entschuldigt also, wenn meine Terminologie gelegentlich ungenau oder unsicher ist. Zudem ist das, was ich zu sagen habe, nicht Ergebnis einer spezifisch politischen oder schriftstellerischen Erfahrung, sondern einer Erfahrung, die ich fast existentiell nennen möchte.

Ich sage gleich vorweg – und ihr habt es sicher schon geahnt –, daß mein Beitrag pessimistischer, schärfer und schmerzhafter sein wird als der Napolitanos. Mein Thema heißt: *Völkermord*. Ich glaube nämlich, daß in der heutigen italienischen Gesellschaft alte Werte zerstört und durch neue ersetzt werden, wodurch – ohne Blutbäder und ohne Massenerschießungen – weite Schichten unserer Gesellschaft eliminiert werden. Diese Behauptung ist übrigens gar nicht so ketzerisch oder unorthodox. Schon im ›Kommunistischen Manifest‹ wird an einer Stelle präzise der Völkermord beschrieben, den die Bourgeoisie an bestimmten Schichten der unterdrückten Klassen, insbesondere am Subproletariat und an den Kolonialvölkern verübt. Heute durchlebt Italien diesen Vorgang zum ersten Mal und auf schreckliche Weise: Weite Schichten, die bisher gleichsam außerhalb der Geschichte gelebt haben – der Geschichte der bürgerlichen Herrschaft und der bürgerlichen Revolution – sind diesem Völkermord, d. h. der Anpassung an die bürgerliche Lebensweise zum Opfer gefallen.

Anders als zu Marx' Zeiten, wo Gewalt noch offen und ungeniert ausgeübt wurde, wo Kolonien unterworfen und Herrschaftsansprüche brutal durchgesetzt wurden, werden heute die alten Werte klammheimlich durch neue ersetzt, durch eine Art geheimer Verführung; die Methoden sind viel subtiler, praktikabler und komplexer, der Vernichtungsprozeß technisch viel ausgereifter und tiefgreifender geworden. Die alten Werte werden unter der Hand durch neue ersetzt – man muß es der Öffentlichkeit schon gar nicht mehr erklären, denn den breiten Massen sind die großen ideologischen Auseinandersetzungen ohnehin kaum bekannt.

Ich drücke mich wohl klarer aus, wenn ich so spreche, wie ich es gewohnt bin, d. h. als Schriftsteller. Zur Zeit arbeite ich an einem Buch, in dem ich dieses Thema in dichterische Bilder übersetze: Ich beschreibe eine Art Abstieg in die Unterwelt, wo mein Held den Völkermord, den ich gerade erwähnte, kennenlernen soll. In dieser fiktiven Unterwelt lasse ich ihn durch die Hauptstraße irgendeines schäbigen Vorortes gehen, der zu einer der mittel- oder süditalienischen Großstädte, am ehesten wohl Rom, gehören könnte. In dieser Hauptstraße münden Nebenstraßen, die sich dem Held als Visionen darbieten, so wie die Höllenkreise und Höllenpfuhle der »Göttlichen Komödie«. Gleich am Anfang der Hauptstraße erscheint die Vision einer bestimmten Lebensform, ein offizielles Leitbild, dem sich die jungen Leute, vor allem die Halbwüchsigen, rasch anpassen. Sie haben ihre alten Leitbilder verloren, die sie früher verwirklichten, indem sie sie lebten und mit denen sie gar nicht so unzufrieden waren, die sie sogar mit Stolz erfüllten, selbst wenn diese Leitbilder – was ich ja zugebe – das ganze Elend und alle negativen Begleiterscheinungen mit einschlossen, die Napolitano vorhin aufgezählt hat. Heute dagegen versuchen sie ihr Verhalten den Leitbildern anzupassen, die ihnen die herrschende Klasse unter der Hand als Vorbild gesetzt hat. Ich schildere im Ganzen fünfzehn Verhaltensmuster, entsprechend den zehn Höllenkreisen und fünf Höllenpfuhlen, möchte aber jetzt nur drei erwähnen, wobei ich nochmals vorausschicke, daß es sich bei meiner Unterwelt-Stadt um eine Stadt Mittel- oder Süditaliens handelt und daher alles, was ich sage, für die Menschen in Mailand, Turin oder Bologna nur bedingt gilt.

Zunächst das Verhaltensmuster eines klassenübergreifenden Hedonismus, das die Jugendlichen zwingt, sich in ihrem ganzen Verhalten, ihrer Kleidung, ihren Schuhen, ihren Frisuren, ihrem Lächeln, ihren Bewegungen und ihren Gesten dem anzupassen, was sie in der Werbung sehen, einer Werbung, die sich geradezu rassistisch ausschließlich auf den kleinbürgerlichen Lebensstil bezieht. Die Ergebnisse sind offensichtlich trostlos, denn ein armer Junge aus Rom ist einfach nicht in der Lage, diesen Leitbildern gerecht zu werden und das erzeugt in ihm Ängste und Frustrationen, die ihn mehr oder weniger neurotisch machen.

Dann das Verhaltensmuster der falschen Toleranz, der Permissivität. Früher, in den Großstädten und auf dem Land in Mittel- und Süditalien, existierte eine durchaus lebendige volkstümliche Moral, mit eigenen Tabus, die jedenfalls nicht die der Bourgeoisie waren. Die bürgerliche Heuchelei z. B. war ihr fremd. Man hatte einen Sittenkodex und an den hielt man sich. Ab einem bestimmten Punkt jedoch mußten neue Untertanen her, die Machthaber brauchten jetzt Konsumenten, und dem idealen Konsumenten mußte man eben eine gewisse sexuelle Freiheit zugestehen. Aber auch diesem Leitbild der sexuellen Freiheit versucht sich der Jugendliche aus dem rückständigen Italien so plump und verzweifelt anzupassen, daß er einfach neurotisch werden muß.

Schließlich ein drittes Verhaltensmuster, das der Sprachunfähigkeit, des Sprachverlusts. Alle mittel- und süditalienischen Städte und Regionen hatten früher einmal eigene Sprachtraditionen, lebendige Sprachen, Dialekte, die sich durch Sprachschöpfungen ständig erneuerten. Innerhalb dieser Dialekte gab es dann noch lokale Sondersprachen, die überreich an oft geradezu poetischen Wortbildungen waren und zu denen jeder, Tag für Tag, Neues beitrug: Jeden Abend eine neue Redewendung, ein bonmot, ein frisch erfundenes Schlagwort – überall herrschte eine wunderbare Sprachvitalität. Das Sprachverhalten dagegen, das heute von der herrschenden Klasse vorgegeben wird, hat die Menschen mundtot gemacht. In Rom z. B. sind die Leute nicht mehr imstande, etwas zu erfinden, sie sind entweder von einer neurotischen Sprachhemmung oder sie sprechen eine völlig artifizielle Sprache, ohne Schwierigkeiten und Widerstände, so als ob alles leichthin sagbar wäre – sie sprechen »wie gedruckt« – oder sie landen schlichtweg in der Sprachunfähigkeit im klinischen Sinn; die Menschen können keine lebendigen Bilder und Rhythmen mehr finden, sie jaulen mehr als sie sprechen und geben sich entweder Knüffe oder grinsen höhnisch, weil sie weiter nichts zu sagen haben.

Nur so viel zu meiner Höllenvision, die ich leider existentiell durchlebe. Warum aber findet diese Tragödie in gut zwei Dritteln Italiens statt? Warum dieser Völkermord, den wir der kulturellen Kolonisierung verdanken, die die herrschende Klasse so hinterhältig betreibt? Einfach deshalb, weil die herrschende Klasse »Fortschritt« und »Entwicklung« säuberlich getrennt hat. Für sie ist nur »Entwicklung«, d. h. wirtschaftliche Entwicklung, Wirtschaftswachstum, interessant, weil sie nur damit Profit machen kann. Wir müssen uns aber ein für allemal klar darüber werden, daß das zwei verschiedene Möglichkeiten sind: Fortschritt und Wirtschaftswachstum. Es ist zwar möglich, sich eine wirtschaftliche Entwicklung ohne Fortschritt vorzustellen: genau diese Monstrosität erleben wir ja gerade in zwei Dritteln Italiens. Im Grunde kann man sich aber auch einen Fortschritt ohne wirtschaftliche Entwicklung vorstellen; das wäre z. B. der Fall, wenn in bestimmten ländlichen Gebieten nur mit einem Minimum (oder gar keiner) wirtschaftlicher Entwicklung neue kulturelle und gesellschaftliche Lebensformen praktiziert würden. Die KPI und die fortschrittlichen Intellektuellen müssen sich bewußt werden, wie verheerend es ist, wenn man diese beiden Begriffe nicht klar auseinanderhält, sie müssen das auch den Massen bewußt machen, damit die Begriffstrennung überwunden werden kann, damit wirtschaftliche Entwicklung und Fortschritt eines Tages eins werden können.

Wie sieht statt dessen die Entwicklung aus, die unsere Machthaber wollen? Cefis definiert in einer Rede, die er kürzlich in Modena gehalten hat, Entwicklung als Entwicklung einer multinationalen – oder wie die Soziologen sagen, transnationalen – Macht, die sich unter anderem auf eine internationale, technisch höchst entwickelte Armee stützt, eine Macht, die keinerlei Verbindung mehr zur Realität des eigenen Landes hat. Eine solche »Entwicklung« macht mit dem traditionellen Faschismus endgültig Schluß, einem Faschismus, der sich auf Nationalismus und Klerikalismus gestützt hat, alte, natürlich falsche Ideale; in Wirklichkeit zielt diese Entwicklung auf eine völlig neue und noch gefährlichere Form des Faschismus. Anders ausgedrückt: In unserem Land vollzieht sich eine Umwälzung der Werte und Verhaltensmuster, bei der die Massenmedien, in erster Linie das Fernsehen, eine entscheidende Rolle spielen. Ich will nicht behaupten, daß diese Medien an sich schlecht sind; ich bin im Gegenteil auch der Ansicht, daß sie ein wichtiges Instrument des kulturellen Fortschritts sein könnten. Aber so, wie sie bisher eingesetzt wurden, haben sie nur einem erschreckenden Rückschritt gedient, eben der Entwicklung ohne Fortschritt und damit dem kulturellen Völkermord an wenigstens zwei Dritteln der italienischen Bevölkerung. Unter dieser Perspektive erscheinen auch die Ergebnisse vom 12. Mai zweifelhaft. Meiner Meinung nach hat das Fernsehen, das in den letzten Jahren beispielsweise alle religiösen Inhalte säuberlich entwertete, den Anteil der Nein-Stimmen ganz entscheidend vergrößert. Sicher – den segnenden Papst, Weihwasser spritzende Kardinäle, Prozessionen und Beerdigungen haben wir im Fernsehen oft genug sehen dürfen, aber das hat die Religiosität eher abgebaut als gefestigt. In Wirklichkeit kam es – zumindest unbewußt – zu einer tiefgreifenden Auflösung der religiösen Werte, wodurch die Massen Mittel- und Süditaliens der Gewalt der Medien und damit der herrschenden Ideologie ausgeliefert worden sind: Dem Hedonismus der Konsumgesellschaft.

Daher behaupte ich, wenn vielleicht auch zu heftig und übertrieben, daß das Nein zur Wiederabschaffung der Scheidung doppeldeutig ist: Einerseits drückt es einen echten und bewußten Fortschritt aus, an dem die Kommunisten und die Linken entscheidenden Anteil haben, andererseits einen unechten Fortschritt, denn viele Italiener akzeptieren die Scheidung nur, weil sie den Ansprüchen der bürgerlichen Gesellschaft gehorchen, die zwangsläufig mit einer Entwertung der Religiosität verbunden sind: Wer die Scheidung akzeptiert, ist ein guter Konsument.

Das ist der Grund, warum sich mir – als Wahrheitsfanatiker und unliebsamem Kritiker – ein geradezu apokalyptisches Zukunftsbild aufdrängt: Sollte nämlich in der Masse der Nein-Wähler jener Teil überwiegen, der von der herrschenden Macht konditioniert worden ist, so wäre das das Ende unserer Gesellschaft. Da Italien eine starke kommunistische Partei und eine ziemlich ausgeprägte und fortschrittliche Intelligenz hat, wird es nicht so weit kommen; aber die Gefahr zumindest besteht. Die Wertzerstörung, die im Gange ist, bedeutet nämlich nicht, daß die alten Werte *sofort* durch neue Werte ersetzt werden können, mit ihren ganzen Vor- und Nachteilen, mit einer entsprechenden Hebung des Lebensstandards und einem wirklichen kulturellen Fortschritt. Dazwischen ist einen Moment lang alles in der Schwebe, und wir befinden uns genau in dieser Phase, und darin besteht die große, tragische Gefahr. Denkt daran, was eine Wirtschaftskrise unter diesen Voraussetzungen bedeuten kann und zieht einmal ganz kurz eine Parallele zum Deutschland der dreißiger Jahre. Vielleicht ist das eine an den Haaren herbeigezogene, zu phantastische Parallele; jedenfalls wird sie euch auch Angst machen. Unser Industrialisierungsprozeß der letzten zehn Jahre ist mit dem deutschen von damals teilweise vergleichbar, denn die Industriegesellschaft hat während der Wirtschaftskrise der zwanziger Jahre unter den gleichen Bedingungen dem Nationalsozialismus den Weg geebnet.

Solche Ängste hat jemand, der wie ich den Krieg, die Nazis, die SS erlebt hat – ein nie ganz überwundenes Trauma. Wenn ich sehe, wie die jungen Leute uralte volkstümliche Werte verlieren und neue annehmen, die ihnen der Kapitalismus diktiert, und wie sie dabei zunehmend Gefahr laufen, einer Art Unmenschlichkeit, einer erschreckenden Sprachlosigkeit und brutalen Kritiklosigkeit zum Opfer zu fallen, passiv und zugleich rebellisch zu werden, so kommen mir die SS-Männer in den Sinn, die genau so waren – und plötzlich habe ich das Gefühl, als ob sich der Schatten des Hakenkreuzes über unsere Städte senkte. Eine apokalyptische Vision, zweifellos. Aber wenn neben dieser Vision und der ganzen damit verbundenen Angst nicht auch ein wenig Optimismus wäre, der mich noch immer daran glauben läßt, daß man gegen all das kämpfen kann, dann wäre ich einfach nicht hier, um mit euch zu reden.

Enge der Geschichte und Weite der bäuerlichen Welt

Lieber Calvino,
Maurizio Ferrara sagt, ich würde einem »Goldenen Zeitalter« nachtrauern. Du sagst, daß ich dem »guten alten Italien« (Italietta) nachtrauere: alle sagen, daß ich etwas nachtrauere, und indem sie diesem Nachtrauern einen negativen Wert beilegen, machen sie sich daraus ein leichtes Ziel.

Die Dinge, denen ich nachtrauere (wenn man von nachtrauern reden kann), habe ich deutlich genannt, wenn auch nur in Versen (im ›Paese Sera‹ vom 5. 1. 1974). Daß andere so tun, als ob sie mich nicht verstanden hätten, ist natürlich. Was mich wundert, ist, daß Du mich nicht verstehen wolltest (der keinen Grund hat, mich mißzuverstehen). Ich sollte dem »guten alten Italien« nachtrauern? Dann hast Du keinen einzigen Vers der ›Ceneri di Gramsci‹ oder des ›Calderon‹ gelesen, keine einzige Einstellung eines meiner Filme gesehen, Du hast keine Zeile meiner Romane gelesen, Du weißt nichts von mir! Denn alles, was ich getan habe und bin, ist von Natur aus unvereinbar mit einem Nachtrauern nach diesem Italien. Es sei denn, Du glaubst, ich hätte mich radikal geändert. Das entspräche der wundergläubigen Psychologie der Italiener, die ich jedoch für unter Deinem Niveau halte.

Das »gute alte Italien« ist kleinbürgerlich, faschistisch, christdemokratisch; es ist provinziell und verkümmert am Rand der Geschichte; seine Kultur besteht aus einem scholastischen, formalen und vulgären Humanismus. Meinst Du, daß ich dem nachtrauere? Für mich persönlich war dieses Italien ein Land von Polizisten, das mich zwei Jahrzehnte einsperrte, mit Prozessen überzog, verfolgte, quälte und an meinem Namen Lynchjustiz übte. Jemand aus der jüngeren Generation kann das nicht wissen. Du aber schon! Mag sein, daß ich dieses Minimum an Würde besaß, das es mir ermöglichte, die Angst dessen zu verbergen, der über Jahre hinweg täglich eine Vorladung vor Gericht erwartet und vor Angst an den Kiosken vorbeischaut, um in den Zeitungen nicht grauenhafte Skandalmeldungen über sich zu lesen. Aber wenn ich das alles vergessen kann, so darfst doch Du es nicht vergessen...

Im übrigen existiert das »gute alte Italien«, so weit es mich betrifft, immer noch. Die Lynchjustiz geht weiter. Offenbar ist der *Espresso* gerade dabei, eine entsprechende Hexenjagd zu inszenieren, Du brauchst Dir nur die einleitende Bemerkung (›Espresso‹ vom 23. 6. 1974) zu meinem ›Corriere‹-Artikel (›Studie über die anthropologische Situation in Italien‹) anzuschauen, in der über einen Titel gewitzelt wird, der nicht von mir stammt, meinen Text in einer Weise extrapoliert, die ihn grauenhaft entstellt, und in dem mir noch unterschoben wird, ich sei so eine Art von neuem Pöbel: Ein Vorgehen, dessen ich bisher nur die Verbrecher des ›Borghese‹ fähig gehalten habe.

Ich weiß wohl, lieber Calvino, wie sich das Leben eines Intellektuellen abspielt. Ich weiß es, weil es zum Teil auch *mein* Leben ist. Lektüren, Einsamkeit in der Werkstatt, Kreise aus zu wenigen Freunden und vielen Bekannten, alles Intellektuelle und Bürger. Ein Leben aus Arbeit und im Grunde Anstand. Aber ich habe, wie Dr. Hyde, ein anderes Leben. Beim Leben dieses Lebens muß ich die natürlichen (und unschuldigen) Klassenschranken durchbrechen, die Wände »Italiettas« einstoßen und in eine andere Welt dringen: die Welt der Bauern, die Welt des Subproletariats und die Welt der Arbeiter. Die Reihenfolge, in der ich diese Welten anführe, entspricht meiner persönlichen Erfahrung und nicht der objektiven Bedeutung dieser Welten. Bis vor wenigen Jahren war das die vorbürgerliche Welt, die Welt der beherrschten Klassen. Nur aus nationalstaatlichen Gründen hat sie zum Territorium der »Italietta« gehört. Außer dieser bloßen Formalität hatte diese Welt mit Italien nichts zu tun. Es gab keine Auflösung der Kontinuität zwischen einem friaulischen Bauern, einem neapolitanischen Dieb und selbst noch einem lombardischen Arbeiter auf der einen Seite und einem griechischen oder arabischen Bauern, einem Dieb aus Alexandria oder Rio de Janeiro, einem katalanischen oder jugoslawischen Arbeiter auf der anderen. Das bäuerliche Universum (zu dem auch die subproletarischen städtischen Kulturen gehören ebenso wie, bis vor wenigen Jahren, die Kultur der Arbeiterminoritäten – denn das waren Minoritäten, wie in Rußland 1917) ist transnational: es erkennt Nationen nicht einmal an. Es ist der Überrest einer vorhergehenden Kultur (oder von Schichten vorhergehender Kulturen, die einander sich gleichen). Die (nationalistische) herrschende Klasse formte diesen Überrest auf Grund ihrer eigenen

Interessen und politischen Ziele (für jemand aus Lukanien – ich denke an De Martino – blieb die Nation etwas Fremdes, zuerst der bourbonische Staat, dann das piemontesische Italien, dann das faschistische Italien, dann das heutige Italien, eine nie unterbrochene Kontinuität).

Es ist diese grenzenlose, vornationale und vorindustrielle bäuerliche Welt, die bis vor wenigen Jahren überlebt hat, der ich nachtrauere (nicht umsonst weile ich so lange wie möglich in den Ländern der Dritten Welt, in denen sie noch überlebt, obgleich auch die Dritte Welt nun in die Bahn der sogenannten Entwicklung eintritt).

Die Menschen dieses Universums erlebten weder ein »Goldenes Zeitalter«, noch hatten sie es mit dem »guten alten Italien« zu tun. Sie lebten das Zeitalter, das Chilanti das Zeitalter des Brots genannt hat. Sie waren Konsumenten von unbedingt notwendigen Gütern. Das war es vielleicht, was ihr armes und prekäres Leben so notwendig machte. Es ist klar, daß überflüssige Güter das Leben überflüssig machen (um das abschließend ganz elementar zu sagen).

Ob ich diesem bäuerlichen Universum nachtrauere oder nicht, bleibt letztlich meine Angelegenheit. Aber das soll mich keineswegs hindern, an der gegenwärtigen Welt, so wie sie ist, Kritik zu üben. Im Gegenteil, diese Kritik wird um so durchdringender sein, je mehr ich mich von dieser Welt gelöst habe und nur noch stoisch in ihr zu leben ertrage.

Ich habe behauptet und ich wiederhole: die kulturelle Durchdringung der Welt durch ein konsumorientiertes, alles assimilierendes Zentrum hat die verschiedenen Kulturen der Dritten Welt zerstört (ich spreche hier noch im Weltmaßstab und ich beziehe mich daher auch auf die Kulturen der Dritten Welt, denen die bäuerliche italienische Kultur im Grunde gleicht). Das Kulturmodell, das den Italienern (und im übrigen allen Menschen der Erde) angeboten wird, ist nur ein einziges. Die Angleichung an dieses Modell erfolgt vor allem im Gelebten, im Existentiellen, infolgedessen im Körper und im Verhalten. Hier werden bereits die Werte der neuen Kultur der Konsumzivilisation gelebt, das heißt des neuen und repressivsten Totalitarismus, den man je gekannt hat – auch wenn diese Werte noch nicht ganz ihren Ausdruck gefunden haben. Vom Standpunkt des sprachlichen Ausdrucks reduziert sich die gesamte Sprache auf eine Sprache von Mitteilungen, mit einer enormen Verarmung des Ausdrucks. Die Dialekte (die Muttersprachen!) sind fern in Zeit und Raum: die Söhne sind gezwungen, sie nicht mehr zu sprechen, denn sie leben in Turin, Mailand oder in Deutschland. Wo man sie heute noch spricht, haben sie ihre erfinderische Kraft verloren. Kein Junge aus den römischen Vororten wäre heute noch im Stand, zum Beispiel den Dialekt meiner Romane, die ich vor zehn, fünfzehn Jahren schrieb, zu verstehen. Ironie des Schicksals, er müßte wie ein ordentlicher Bürger aus dem Norden das beigefügte Glossarium benutzen.

Natürlich ist meine »Vision« der neuen kulturellen Realität Italiens radikal: Sie betrachtet das Phänomen als globales Phänomen und kümmert sich weder um die Ausnahmen, noch um Überlebensfähigkeit oder tatsächliches Überleben in einzelnen Bereichen.

Wenn ich von totaler Assimilierung der jungen Leute spreche, die dazu führt, daß ein junger Faschist sich von *keinem* seiner Altersgenossen mehr unterscheidet, denn sein Körper, sein Verhalten, seine unbewußte und *reale* Ideologie sind die gleichen (die des konsumorientierten Hedonismus), will ich auf ein allgemeines Phänomen hinweisen. Ich weiß natürlich auch, daß es junge Leute gibt, die sich sehr wohl unterscheiden. Sie gehören in der Regel jedoch zu der gleichen Elite, zu der wir gehören, und sind dazu verdammt, noch unglücklicher zu sein als wir (und möglicherweise deswegen auch besser). Ich erwähne das wegen einer Anspielung von Tullio de Mauro im ›Paese sera‹ vom 21. 6. 1974, wo er mir – nachdem er vergessen hat, mich einzuladen – vorwirft, daß ich nicht an einem linguistischen Kongreß in Brixen teilgenommen hätte: Dort, sagt er, hätte ich ein paar Dutzend junge Leute sehen können, die meine Thesen widerlegt hätten. So als wollte er sagen, daß ein paar Dutzend junge Leute, die den Begriff »heuristisch« benutzen, ein Beweis dafür seien, daß 50 Millionen Italiener ihn praktizierten.

Du wirst sagen: die Menschen sind immer Konformisten gewesen (alle gleich, einer wie der andere), und es gab immer Eliten. Ich antworte Dir darauf: ja, die Menschen waren immer Konformisten und einander gleich, aber jeweils im Rahmen ihrer sozialen Klassen. Und innerhalb dieser Klassen unterschieden sie sich auf Grund konkreter kultureller Besonderheiten (regionale Unterschiede z. B.). Heute hingegen (und hier fällt das Wort von der anthropologischen Mutation) sind die Menschen alle Konformisten und gleichen sich, die einen wie die andern, unabhängig von den Klassenunterschieden (ein Student dem Arbeiter, ein norditalienischer einem süditalienischen Arbeiter). Sie gleichen sich zumindest potentiell, im angsterfüllten Drang, sich zu nivellieren.

Zum Schluß, lieber Calvino, möchte ich Dich auf etwas aufmerksam machen. Nicht als Moralist, sondern als Analytiker. In Deiner etwas überstürzten Antwort auf meine Thesen im ›Messaggero‹ vom 18. 7. 1974 ist Dir ein Satz entschlüpft, der in doppelter Hinsicht unselig ist. Es handelt sich um den Satz: »Die jungen Faschisten von heute kenne ich nicht, und ich hoffe auch, daß ich keine Gelegenheit haben werde, sie kennenzulernen.« Also: erstens wirst Du nie diese Gelegenheit haben, selbst, wenn Du in einem Zugabteil, in einer Schlange, in einem Geschäft, auf der Straße oder in einem Empfangsraum junge Faschisten treffen solltest, *denn Du würdest sie einfach gar nicht als solche erkennen*; zweitens ist der Wunsch, nie junge Faschisten kennenlernen zu wollen, eine Lästerung, denn wir sollten, im Gegenteil, alles tun, um sie zu finden und mit ihnen zu sprechen. Sie sind nämlich nicht vom Schicksal auserwählte und prädestinierte Ausgeburten des BÖSEN: *Sie sind nicht geboren worden, um später Faschisten zu werden.* Niemand hat ihnen, als sie halbwegs erwachsen und im Stande waren, sich zu entscheiden – aus Gründen und Zwängen heraus, die wir nicht kennen –, rassistisch das Brandmal des Faschisten aufgedrückt. Was einen jungen Menschen zu dieser Entscheidung treibt, ist eine Mischung von grenzenloser Verzweiflung und Neurose, und vielleicht hätte eine kleine andersartige Erfahrung in seinem Leben, eine einzige simple Begegnung genügt, um sein Schicksal anders verlaufen zu lassen.

Hedonistischer Faschismus

Der Faschismus der Antifaschisten

Seit mehr als siebzig Tagen ist Marco Pannella im Hungerstreik: Er ist am Rande seiner Kräfte; die Ärzte sind bereits ernstlich besorgt, wenn nicht gar entsetzt. Andererseits scheint nicht die geringste Aussicht auf eine wirkliche Wende zu bestehen, die Pannella zur Beendigung seines – möglicherweise tödlich endenden – Hungerstreiks veranlassen könnte (wobei man hinzufügen muß, daß noch etwa vierzig seiner Genossen sich nach und nach der Aktion angeschlossen haben).

Kein Vertreter der parlamentarischen Macht (weder auf seiten der Regierung noch der Opposition) scheint auch nur im Geringsten bereit, sich mit Pannella und seinen Genossen zu »kompromittieren«. Zwischen diesem unverfrorenen politischen Realismus und der Lauterkeit Pannellas scheint es nicht den geringsten Berührungspunkt zu geben und somit auch keine Möglichkeit, den Skandal zu integrieren und aus der Welt zu schaffen. Rundum nichts als priesterliche Verachtung. Auf der einen Seite Berlinguer mit seinem ZK der KPI, auf der andern die alten christdemokratischen Potentaten. Was den Vatikan betrifft, so haben dort die Katholiken längst vergessen, daß sie Christen sind. All das ist nicht verwunderlich, und wir werden auch sehen, warum. Aber auch die »Kleineren« (d. h. diejenigen, die weniger Macht besitzen) verhalten sich gegenüber Pannellas Appellen äußerst unwillig, skeptisch und feige ausweichend: zum Beispiel die sogenannten »Katholiken des Nein« oder bestimmte unabhängige Progressive (die Pannella grundsätzlich nur als »Einzelpersonen« unterstützen, nie als Vertreter von Parteien oder Gruppen).

An dieser Stelle, lieber Leser, wirst Du gewiß maßlos erstaunt sein über die eigentlichen Gründe, die Pannella und ein paar Dutzend weiterer Personen dazu gebracht haben, in einer solchen Situation von Desinteresse, Ignoranz und Verachtung zum extremen Mittel des Hungerstreiks zu greifen. Denn von Anfang an hat Dich niemand, und sei es mit einem Minimum an Klarheit und Aktualität, darüber informiert; und ganz gewiß wirst Du Dir aufgrund der soeben beschriebenen Lage der Dinge weiß Gott was für skandalöse Ungeheuerlichkeiten vorstellen. Indessen geht es um folgendes:

»1. die Zusicherung, daß die staatliche Fernsehanstalt eine Viertelstunde Sendezeit für die LID und eine Viertelstunde für Dom Franzoni zur Verfügung stellt; 2. die Zusicherung, daß der italienische Staatspräsident den Vertretern der LID und der Radikalen Partei (Partito Radicale) eine öffentliche Audienz gewährt – was bereits seit über einem Monat wiederholt und vergeblich gefordert wird; 3. die Zusicherung, daß der Gesundheitsausschuß der Abgeordnetenkammer den von der Sozialistischen Partei eingebrachten Gesetzentwurf zur Legalisierung der Abtreibung behandeln wird; 4. die Zusicherung, daß die Herausgeber des ›Messaggero‹ sich nicht lediglich pauschal zu den nicht-klerikalen Prinzipien ihrer Zeitung bekennen, sondern vielmehr eine nicht-klerikale Information und insbesondere das Informationsrecht der nicht-klerikalen Minderheiten gewährleisten.«

Wie Du siehst, wird hier nur die Sicherstellung banalster Selbstverständlichkeiten des demokratischen Lebens gefordert. Die »Lauterkeit« der Prinzipien, die ihnen zugrunde liegen, schließt diesmal ihre vollkommene Verwirklichung nicht aus. Bedenkt man nun, daß Dich die gesamte italienische Presse zum Problem Pannellas und dem seiner Bewegung völlig uninformiert gelassen hat, so brauchte man sich nicht zu wundern, wenn Du vielleicht denkst, dieser Pannella müsse geradezu ein Ungeheuer sein, so eine Art Fumagalli: dessen Forderungen allerdings »prinzipiell« und »apriorisch« nicht zur Diskussion stünden. Gut, und da sag' ich Dir, daß nach dem demokratischen Prinzip, von dem Pannella nie abweicht, eben auch dieser Fumagalli *pour cause* – den ich hier nur als Beispiel nehme – ein Recht darauf hätte, mit seinen Forderungen gehört zu werden, wenn es sich dabei um solch »formale« Forderungen wie die der Radikalen handelte. Die unbedingte Achtung vor dem Menschen – die sich dank eines Gefühls für die Freiheit, deren Formalität als substantiell zu verstehen ist, auch gegenüber den primitivsten konkreten politischen Auffassungen auf einem von weltlicher Vernunft geradezu »geheiligten« Niveau zu verwirklichen und zu äußern versteht – ist für Pannella das *oberste* Prinzip einer jeden politischen Theorie und Praxis. Das ist es, was an Pannella so skandalös ist. Ein nicht integrierbarer Skandal, eben weil sein Prinzip, wenn auch in verkürzter und volkstümlicher Form, von der Verfassung sanktioniert ist.

Um dieses radikal-demokratische politische Prinzip in die Tat umzusetzen, benutzt Pannella die Ideologie der Gewaltlosigkeit. Entscheidend ist dabei jedoch nicht so sehr die physische Gewaltlosigkeit (über die sich auch streiten läßt); sondern die moralische Gewaltlosigkeit; anders gesagt: das totale, absolute, bedingungslose Freisein von jeglichem Moralismus (»Für uns ist das moralisch, was der Einzelne dafür hält.«). Mit dieser Form der Gewaltlosigkeit (die sogar sich selbst als moralisch in Frage stellt) schaffen Pannella und die Radikalen den zweiten Skandal: die absolute Ablehnung und Verurteilung jeder Form von Macht und Herrschaft (»Ich glaube nicht an die Macht, und ich will auch mit der Phantasie nichts mehr zu tun haben, wenn sie an die Macht strebt.«). Die absolute und fast schon asketische Lauterkeit dieser Prinzipien, die man »metapolitisch« nennen könnte, drückt sich in einer außergewöhnlichen Klarsicht im Umgang mit Fakten und Ereignissen aus: einer Klarsicht, die weder durch Vorurteile (unfreiwillig) verdunkelt, noch durch Kompromisse getrübt wird. Alles ist Licht und Vernunft; und so schafft diese Klarsicht schließlich – da sie es ja mit konkreten Fakten und Ereignissen unserer Geschichte und daher auch mit den Urteilen über diese Geschichte zu tun hat – die Voraussetzungen dafür, daß die Politik der Radikalen für die »ehrbaren Bürger« zur skandalösen Unannehmbarkeit wird. (»Die ehrbaren Bürger in unserer Politik leiern seit zwanzig Jahren das gleiche Lied vom liberalen Antifaschismus...«; »...wo sind denn die Faschisten, wenn nicht an der Macht, an der Regierung? Es sind die Moros, die Fanfanis, die Rumors, die Pastores, die Gronchis, die Segnis und – warum nicht? – die Tanassis, die Cariglias und vielleicht auch die Saragats, die La Malfas. Gegen die Politik dieser Leute – das ist mir klar – kann und muß man Antifaschist sein...«)

Ja, lieber Leser, ich vermute, an diesem Punkt ist Dir der »Skandal« Pannella klar geworden; aber ich vermute auch, daß Du gleichzeitig versucht bist, diesen Skandal als Windmühlenkämpfe und Streit um leere Worte anzusehen; daß Du vielleicht denkst, die Positionen dieser engagierten Radikalen (Gewaltlosigkeit, Verweigerung gegen jede Art von Herrschaften usw.) seien bereits etwas welk, so wie der Pazifismus, die Protestbewegung und ähnliches, und im übrigen seien diese Leute doch reine Utopisten, was ja ausgesprochen ehrenhaft für sie wäre, wenn ihre Vorschläge und ihre Verurteilungen nicht so gezielt und so *persönlich* gemeint wären.

Die Dinge liegen jedoch ganz anders. Ihre gewissermaßen »metapolitischen« Ziele haben die Radikalen zu einer politischen Praxis des absoluten Realismus geführt. Und es liegt nicht etwa an diesen »skandalösen« Prinzipien, wenn die herrschenden Mächte – Regierung wie Opposition – Pannella derart ignorieren, unterdrücken, ausschließen, daß möglicherweise seine Liebe zum Leben tödlich endet; vielmehr liegt das an nichts anderem als seiner realistischen politischen Praxis. Denn in der Tat sind niemand anders als die Radikalen und die LID (mit ihrem Leader Marco Pannella) die wahren Gewinner des Referendums vom 12. Mai. Und genau das verzeiht ihnen niemand.

Sie waren die einzigen, die sich der Herausforderung des Referendums gestellt hatten und es wirklich wollten, weil sie sich eines überwältigenden Sieges sicher waren: eine Erwartung, die das fatale Nebenprodukt eines unumstößlichen demokratischen »Prinzips« war (selbst auf die Gefahr der Niederlage hin) und einer realistischen Analyse des Wählerwillens der italienischen Massen von heute. Die unverzeihliche Schuld der Radikalen und der LID besteht nämlich nicht in ihren abstrakten demokratischen Prinzipien (Entscheidungen von der Basis her und Ablehnung jeglichen paternalistischen Verhaltens), sondern in ihrer realistischen Analyse.

Die Hochachtung vor dem Willen des italienischen Volkes hätte nun dazu führen müssen, daß Pannella und seine Freunde – die diesen Willen erkannt hatten – vom »ersten Bürger der Republik« empfangen und beglückwünscht worden wären – aber nein, man verstößt sie wie Unberührbare. Statt daß sie als Protagonisten der siegreichen Kampagne auf den Bildschirmen erscheinen, gesteht man ihnen noch nicht mal eine lächerliche Viertelstunde in der Sendung »Freie Tribüne« zu. Natürlich, der Vatikan und Fanfani, die großen Verlierer des Referendums, werden nie zugeben können, daß Pannella überhaupt »existiert«. Doch nicht einmal Berlinguer und die KPI, die anderen Verlierer des Referendums, werden je zugeben können, daß es so jemanden gibt. Pannella wird deshalb einfach aus dem Bewußtsein und dem öffentlichen Leben Italiens »gestrichen«.

An diesem Punkt wird die Angelegenheit zu einer offenen Frage. Der Hungerstreik von Pannella hat eine dramatische physiologische Grenze; und es gibt nichts, was darauf schließen ließe, daß er aufhören will. Was tun nun die herrschenden Gruppen und die Männer der Macht, in deren Händen sein Schicksal liegt? Wie weit wird ihr Zynismus, ihre Unfähigkeit oder ihr Kalkül gehen? Pannella nutzt es wenig, daß sie nichts mehr zu verlieren haben, jetzt, wo ihr einziges Problem darin besteht, zu retten, was zu retten ist, und das heißt vor allem: sich selbst. Die Realität hat sich nämlich mit einem Schlag gegen sie gewandt; das vatikanische Schiff, in dem sie den Ozean ihres ganzen Lebens sicher zu überqueren hofften, droht ernstlich leck zu werden; die italienischen Massen sind von ihnen nur noch angewidert und sie haben sich – wenn auch vorerst nur existentiell – zum Träger von Werten gemacht, mit denen die Oberen glaubten, ihren Spaß treiben zu können; indessen haben sie sich als die wirklichen Werte herausgestellt, stark genug, die großen Werte der Vergangenheit zunichte zu machen und Faschisten wie Antifaschisten (die von heute) in ein und dieselbe Katastrophe zu stürzen. Selbst das Mindeste, was man von den Oberen verlangen konnte, nämlich dieses Land bis zu einem gewissen Grade zu verwalten, erweist sich als entsetzliche Illusion: und die Italiener werden gut daran tun, sich darüber klar zu werden, denn – wie die Werte des Konsums und des Wohlstands – werden sie diese Illusion »am eigenen Leibe« zu spüren bekommen.

Es ist nun an den Linken, etwas zu tun. Allerdings geht es nicht darum, Pannellas Leben zu retten; auch nicht dadurch, daß man seiner Forderung nach den genannten vier kleinen »Garantien« und denen, die jetzt noch dazugekommen sind, zur Anerkennung verhilft. Es geht darum, die Existenz von Pannella, der Radikalen und der LID anzuerkennen. Und so wie die Dinge liegen, ist die Existenz von Pannella, der Radikalen und der LID Ausdruck einer Idee und eines Willens zur Veränderung, der in seiner historischen Tragweite ausschlaggebend für alles andere wird. Ausdruck einer Bewußtwerdung über die neue Realität unseres Landes und über die veränderte Qualität des Lebens der

Massen, von der bis heute weder die Herrschenden noch die Opposition etwas bemerkt haben.

Pannella, die Radikalen und die LID haben das erkannt und wollen nun mit bedingungslosem Optimismus, mit Vitalität und asketischer Entschlossenheit bis zum Äußersten gehen; mit einem Optimismus, der in bezug auf die Menschen vielleicht schnell an Grenzen stoßen oder zumindest nicht ungeschoren bleiben wird, der in den Prinzipien aber unerschütterlich ist (Prinzipien, die für die Radikalen weder abstrakt noch moralistisch sind).

Sie schlagen nun acht neue Referenden vor (die praktisch zu einem zusammengefaßt sind); und sie tun es bereits seit Jahren, in einer bewußten Herausforderung gegenüber jenem, das die klerikale Rechte eingeleitet hatte (und das mit einem der großartigsten demokratischen Siege der neueren italienischen Geschichte endete). Und eben diese acht Referenden (Abschaffung des Konkordats zwischen Staat und Kirche, der kirchlichen Scheidungen, der Militärgesetze, der Normen gegen die Pressefreiheit und die Informationsfreiheit durch das Fernsehen, der faschistischen und parafaschistischen Normen des Strafgesetzbuchs – darunter die Vorschriften gegen die Abtreibung – und schließlich die Abschaffung der öffentlichen Parteienfinanzierung), diese acht Referenden beweisen als konkretes politisches Projekt die realistische Sicht von Pannella, den Radikalen und der LID. Die alte politische Welt Italiens auf diesem Feld herauszufordern und zu schlagen, ist die einzige Möglichkeit, der katastrophalen Situation in Italien eine entscheidende praktische Wende zu geben, abgesehen davon, daß es heute der einzig mögliche revolutionäre Akt ist. Aber das läuft allzu vielen jämmerlichen Interessen von Personen und Parteien zuwider, und dafür muß Pannella jetzt teuer bezahlen.

Im öffentlichen Leben gibt es Momente, in denen man die Kraft haben muß, ins Spiel einzugreifen. Es bleibt keine andere Wahl. Ich wechsle deswegen, lieber Leser, vom Briefstil in den des Flugblatts, um Dir einen Hinweis zu geben, wie Du unter diesen Voraussetzungen das vermeiden kannst, was die Katholiken eine »Unterlassungssünde« nennen oder um Dich doch zumindest für dieses Spiel auf Leben und Tod zu gewinnen, in dem Du »Verantwortung« übernimmst. In diesen – wie es scheint –

unlösbaren Konflikt zwischen demokratischer Unnachgiebigkeit Pannellas (auf der einen Seite) und hilfloser Unfähigkeit der Machthaber (auf der anderen Seite) könntest Du kurz entschlossen eingreifen mit einem »Protest« in Brief- oder Telegrammform, und zwar an folgende Adressen: 1. an die Vorstände sämtlicher Parteien (außer MSI und ähnliche, versteht sich), 2. an das Präsidium der Abgeordnetenkammer und des Senats.

Der Koitus, die Abtreibung, die Schein-Toleranz der Herrschenden, der Konformismus der Progressiven

Ich bin für die acht Referenden der Radikalen Partei und ich wäre bereit – auch sofort – bei einer Kampagne zu deren Unterstützung mitzumachen. Ich teile mit der Radikalen Partei den leidenschaftlichen Wunsch, daß sie erfolgreich ausgehen mögen und damit bereits vorhandenen Realitäten formelle Gestalt verliehen wird – was schließlich das oberste Prinzip der Demokratie ist.

Gleichzeitig schockiert mich der Gedanke an eine Legalisierung der Abtreibung, denn ich betrachte sie, wie viele andere, als Mord. In meinen Träumen, in meinem ganzen Verhalten lebt – wie bei allen Menschen – etwas von meinem Dasein vor der Geburt weiter, von einem seligen Schwimmen im Mutterleib: ich weiß, daß ich da schon existiert habe. Mehr will ich dazu nicht sagen, denn zur Abtreibung habe ich Dringenderes zu bemerken. Daß das Leben heilig ist, versteht sich von selbst; dieses Prinzip steht über dem Prinzip der Demokratie und es erübrigt sich, darüber weitere Worte zu verlieren.

Was ich dagegen gleich vorweg sagen will, ist folgendes: im Fall der Abtreibung geschieht es zum allerersten Mal, daß sich die Radikalen und sämtliche Befürworter einer Legalisierung – unter denen sich die aufrichtigsten und unerschütterlichsten Demokraten finden – auf die *Realpolitik* berufen und damit zur Methode der »zynischen« Überrumpelung durch die Macht des Faktischen und den common sense greifen.

Während sie sich in der Vergangenheit stets zuallererst und in vielleicht puristischer Form (was ja ganz richtig ist) die Frage gestellt hatten, was denn nun eigentlich die »wirklichen Prinzipien« seien, die es zu verteidigen gelte, haben sie das diesmal unterlassen.

Dabei gibt es – und das wissen sie ganz genau – keinen einzigen Fall, in dem die »wirklichen Prinzipien« mit dem zusammenfallen, was die Mehrheit als ihr Recht betrachtet. Natürlich kämpft man in einer Demokratie für die Mehrheit bzw. für die gesamte Gemeinschaft der Bürger, doch stellt man dabei fest, daß die Mehrheit in ihrem gesunden Volksempfinden immer unrecht hat: denn ihr Konformismus ist stets seiner inneren Natur nach brutal repressiv.

Wie komme ich nun dazu, diese Prinzipien anzuzweifeln, nach denen die Radikalen und die Progressiven (in konformistischer Weise) für eine Legalisierung der Abtreibung kämpfen?

Aus einem chaotischen, mich verstörenden Durcheinander von Gründen. Ich gehe ja, wie gesagt, davon aus, daß die große Mehrheit bereits potentiell für die Legalisierung der Abtreibung ist (auch wenn im Falle eines neuen Referendums möglicherweise viele dagegen stimmen würden und der »Sieg« der Radikalen weit weniger spektakulär ausfiele). Die legalisierte Abtreibung ist nämlich ohne Zweifel ungeheuer bequem für diese Mehrheit. Und zwar vor allem deshalb, weil sie den Koitus – die heterosexuelle Vereinigung – noch einfacher machen würde, indem sie ihm das letzte Hindernis aus dem Weg räumt. Aber diese Freiheit des Koitus in der »Paarbeziehung«, so wie die Mehrheit sie sich vorstellt, diese wundervolle Liberalität, die man ihr zollt – wer hat die denn stillschweigend gewollt, stillschweigend proklamiert und stillschweigend und unwiderruflich zur allgemeinen Gewohnheit werden lassen? Die Herrschaft des Konsums, der neue Faschismus. Er hat sich dieser – man könnte sagen: liberalen und fortschrittlichen – Forderungen nach mehr Freiheit bemächtigt, und indem er sie sich einverleibte, hat er sie zunichte gemacht, in ihrem Wesen verändert.

Heute ist die sexuelle Freiheit der Mehrheit in Wirklichkeit eine allgemeine Norm, ein Muß, eine soziale Pflicht, ein gesellschaftlicher Zwang, ein unverzichtbarer Bestandteil der Lebensqualität des Konsumenten. Kurz gesagt: die von der Wohlstandsgesellschaft bescherte Scheinliberalisierung hat eine Situation geschaffen, die mindestens genauso ungesund ist wie das, was in der Zeit der Armut galt. Und zwar aus folgenden Gründen: Erstens: Resultat dieser von den Herrschenden »geschenkten« sexuellen Freiheit ist eine ausgesprochene Kollektivneurose. Die Mühelosigkeit hat einen inneren Zwang erzeugt, denn sie ist »manipuliert« und verordnet und hat ihren Ursprung in der Tatsache, daß die herrschende Toleranz sich ausschließlich auf diejenigen sexuellen Bedürfnisse bezieht, die vom Konformismus der Mehrheit formuliert werden. Sie begünstigt einzig und allein die Paarbeziehung (natürlich nicht nur in Form der

Ehe); womit diese schließlich nur zu einer dramatischen Konfliktsituation wird, anstatt Sinnbild von Freiheit und Glück zu sein (wie einst in den demokratischen Zukunftsträumen). Zweitens: All das, was sexuell »anders« ist, wird dagegen ignoriert und abgelehnt, und zwar mit einer Gewalttätigkeit, die allenfalls in den nazistischen Konzentrationslagern Parallelen findet (wobei natürlich nie darüber gesprochen wird, daß die sexuellen Minderheiten genau dort gelandet sind). Sehr wahr: verbal erstreckt sich die Scheintoleranz der modernen Herrschaft auch auf die sexuellen Minderheiten. Und es ist wohl auch nicht auszuschließen, daß irgendwann einmal im Fernsehen öffentlich darüber gesprochen wird. Überhaupt sind die gesellschaftlichen Elitegruppen gegenüber den sexuellen Minderheiten sehr viel toleranter als früher, und das meinen sie auch ganz ehrlich (unter anderem schmeichelt das ja auch ihrer Aufgeklärtheit). Dafür ist die erdrückende Mehrheit (die große Masse: 50 Millionen Italiener) heute von einer so gemeinen, schäbigen und gewalttätigen Intoleranz wie nie zuvor in der italienischen Geschichte. Es hat sich in den letzten Jahren ein gewaltiger, den ganzen Menschen betreffender Selbstverleugnungsprozeß vollzogen: das italienische Volk will mit seiner Armut gleichzeitig auch seine »wahre« Toleranz vergessen: es will sich der beiden Phänomene nicht mehr erinnern, die am deutlichsten seine gesamte Geschichte gekennzeichnet haben. Jene Geschichte, die nach dem Willen der neuen Herrschenden ein für alle Mal beendet sein soll. Und eben diese Masse (stets bereit, Minderheiten zu erpressen, zu prügeln, zu lynchen) setzt sich inzwischen, auf Beschluß der Machthaber, über die alten klerikal-faschistischen Konventionen hinweg und ist bereit, die Legalisierung der Abtreibung und damit die Abschaffung all dessen zu akzeptieren, was den Geschlechtsakt innerhalb der geheiligten Paarbeziehung stören könnte.

Nun wird zwar viel über die Abtreibung geredet, aber alle, von den Radikalen bis zu Fanfani (der diesmal geschickt Andreotti zuvorkommt und – dem Vatikan zum Trotz – den Grundstein für einen, wenn auch äußerst vorsichtigen, theologischen Rückzieher legt) – alle unterlassen es, dabei auch über das zu reden, was der Abtreibung logisch vorausgeht, d. h. den Koitus.

Eine sehr bezeichnende Unterlassung. Der Koitus bleibt – wie könnte es anders sein – trotz aller Freizügigkeit weiterhin tabu.

Allerdings läßt sich das bei den Radikalen sicher nicht mit Tabus erklären. Vielmehr deutet es hier auf die Unterlassung einer aufrichtigen, genauen und umfassenden politischen Analyse. Denn der Koitus ist ein Politikum. Und deshalb kann man keine konkrete politische Diskussion über die Abtreibung führen, wenn man nicht auch den Koitus politisch miteinbezieht. Man kann nicht in der Abtreibung (oder der Geburt von Kindern) die Symptome einer bestimmten sozialen und politischen Verfassung sehen, wenn man dieselben Symptome nicht auch in dem ihm unmittelbar Vorausgegangenen sieht, »in seiner Ursache«, d. h. im Koitus.

Nun ist der Koitus unserer Tage, politisch gesehen, schon sehr verschieden von dem der Vergangenheit. Er steht heute in einem politischen Zusammenhang, der bereits von der neuen Toleranz geprägt ist (und folglich wird der Koitus zu einer gesellschaftlichen Pflicht), während er gestern noch von Repression bestimmt war (weshalb denn auch der außereheliche Koitus ein Skandal war). Und da liegt für mich bereits der erste Irrtum der *Realpolitik,* des Kompromisses mit dem common sense, den die Radikalen und die Progressiven bei ihrem Kampf für die Legalisierung der Abtreibung machen. Sie lösen dieses Problem mit seinen spezifischen Einzelaspekten aus dem Zusammenhang und zeichnen so ein verzerrtes Bild: eben das Bild, das sie brauchen (sicherlich in gutem Glauben – darüber kann nicht der geringste Zweifel bestehen).

Der zweite und weitaus schwerere Irrtum ist folgender: die Radikalen und die anderen Progressiven, die in vorderster Front für die Legalisierung der Abtreibung kämpfen, behandeln sie – nachdem sie zuerst den Koitus ausgeklammert haben – auf einer ausgesprochen konkretistischen Ebene, wo es bloß noch um ihre politische Durchsetzung geht. Sie reduzieren sie auf eine rein praktische Angelegenheit, an die man folglich mit einer praktischen Einstellung heranzugehen habe. Das ist allerdings (wie sie selbst nur zu gut wissen) stets unentschuldbar.

Der Zusammenhang, in dem man das Problem der Abtreibung sehen muß, ist sehr viel weiter gespannt und geht ganz erheblich über die Ideologie der Parteien hinaus (deren Untergang es wäre, dies zu akzeptieren). Dieser Zusammenhang ist tatsächlich nichts anderes als die ökologische Frage, genauer: die Tragödie der Bevölkerungsentwicklung, die ökologisch gesehen die schwerwiegendste Bedrohung für das Überleben der Menschheit darstellt. In diesem Zusammenhang nimmt das ethische und rechtliche Phänomen der Abtreibung eine andere Gestalt und einen anderen Charakter an; und in diesem Sinne können auch bestimmte Formen ihrer Legalisierung gerechtfertigt sein. Wenn die Gesetzgeber nicht ewig hinterher hinken würden und wenn sie sich nicht so elend phantasiearm gäben – nur um ihrem gesunden Rechtsempfinden und ihrer sachdienlichen Abstraktionsweise treu zu bleiben –, so könnten sie die Sache einfach dadurch lösen, daß sie das Delikt der Abtreibung in den weiteren Tatbestand der Euthanasie mitaufnehmen und es gleichzeitig durch eine Reihe besonderer – sprich: ökologischer – »mildernder Umstände« privilegieren. Es wäre dann weiterhin formell ein Delikt und würde weiter als solches empfunden. Und genau hierin liegt das Prinzip, das meine Freunde von der Radikalen Partei verteidigen sollten, anstatt sich (mit dem Edelmut eines Don Quichotte) in zwar sehr verständliche, aber ebenso pietistische Schauergeschichten von ledigen Müttern und Feministinnen zu stürzen, hinter deren Ängsten in Wahrheit etwas »Anderes« steckt, was sehr viel schwerwiegender und ernster ist.

Auf welchem Hintergrund muß man nun diese neue Form der Euthanasie sehen? Auf folgendem: früher einmal war die Paarbeziehung ein Segen, heute ist sie ein Fluch. Öffentliche Meinung und schwachsinniger Journalismus zerfließen weiterhin in Rührung über das »Pärchen« (wie es abscheulicherweise heißt) und merken nicht, daß es sich dabei um eine kleine kriminelle Vereinigung handelt. Genauso ist es mit den Hochzeiten: einst waren sie Feste und selbst alles Zeremonielle, so finster und dumm es auch sein mochte, konnte doch dem nichts anhaben, was ihnen zugrunde lag: ein glückliches und festliches Ereignis. Heute dagegen geht es bei ihnen zu wie bei grauen und überhasteten Totenmessen. Der Grund für all die furchtbaren Dinge, die ich hier aufzähle, ist klar: einst mußte die »Spezies«, ums Überleben kämpfen und folglich »mußten« die Geburten die Sterbefälle übersteigen. Heute dagegen muß die »Spezies«, wenn sie überleben will, dafür sorgen, daß die Geburten die Todesfälle nicht übersteigen. So war jedes Kind, das einstmals geboren wurde, eine Garantie des Lebens und somit ein Segen. Umgekehrt ist heute jedes neugeborene Kind ein Beitrag zur Selbstzerstörung der Menschheit und somit ein Fluch.

Wir stehen demnach vor der paradoxen Situation, daß das, was einst als widernatürlich betrachtet wurde, heute natürlich ist, und das, was man als natürlich ansah, heute widernatürlich ist. Ich erinnere mich, wie De Marsico (Mitverfasser des faschistischen Strafgesetzbuchs) in einem brillanten Plädoyer zur »Verteidigung« einer meiner Filme eine Figur darin als »Schwein« bezeichnete und den homosexuellen Verkehr für unzulässig, weil nutzlos für das Überleben der Spezies erklärte. Heute müßte er nur um konsequent zu bleiben, genau das Gegenteil behaupten: nämlich, daß der heterosexuelle Verkehr eine Gefahr für die Spezies darstellt, während die Homosexualität ihre Sicherheit bedeutet.

Schlußfolgerung: vor dem Reich von Geburt und Abtreibung liegt das des Koitus; und es ist das Reich des Koitus, das dem von Geburt und Abtreibung seinen Stempel aufdrückt und es bestimmt. Wenn man sich politisch mit Geburt und Abtreibung befaßt, kann man den Koitus nicht einfach als etwas Ontologisches ansehen (und ihn so aus der Diskussion ausklammern), es sei denn, man ist ausgesprochen gleichgültig und borniert realistisch. Wie sich heute in Italien das Reich des Koitus darstellt, habe ich bereits skizziert, doch ich will es hier zum Abschluß noch einmal zusammenfassen.

Dieses Reich umfaßt eine total passive, aber gleichzeitig gewalttätige Mehrheit, die ihre Institutionen, ihre geschriebenen und ungeschriebenen Normen allesamt als unantastbar betrachtet. Ihr kultureller Hintergrund ist nach wie vor klerikal-faschistisch, mit allen dazugehörigen Gemeinplätzen. Ihre Vorstellung vom absoluten Vorrang des Normalen ist ebenso selbstverständlich wie vulgär und geradezu kriminell. Alles ist bereits vorfabriziert und konformistisch und tritt in Gestalt eines »Rechts« auf; auch das, was sich diesem Recht widersetzt (einschließlich der Tragik und der Mysterien, die im Sexualakt liegen), wird konformistisch integriert. Anführer dieser Gewalt der Mehrheit ist – aus Trägheit – immer noch die katholische Kirche; auch da, wo sie besonders progressiv und modern ist (man lese dazu das haarsträubende Kapitel auf Seite 323 in ›La Chiesa e la sessualità‹ von dem progressiven und modernen Autor S. H. Pfurtner). Allerdings... allerdings hat sich im Verlauf der letzten zehn Jahre die Konsumgesellschaft herausgebildet, d. h. ein neuer, scheintoleranter Herrschaftstyp, der in weitem Umfang die Paarbeziehung zu neuer Blüte brachte, indem er sie mit sämtlichen Privilegien seines Konformismus ausstattete. Dieser Herrschaftstyp hat jedoch kein Interesse an einem Paar, das Nachkommen erzeugt (proletarisches Modell), er braucht das Paar, das konsumiert (kleinbürgerliches Modell). Er hat deshalb die Idee einer Legalisierung der Abtreibung schon *in petto* (so wie er schon die Idee hatte, die Scheidung möglich zu machen).

Ich kann nicht feststellen, daß die Befürworter der Abtreibung dies alles irgendwie problematisiert hätten. Dagegen stellte ich fest, daß sie den Koitus aus der Diskussion ausklammern und damit seinen total institutionellen Charakter als etwas unverrückbar »Natürliches« akzeptieren; und dies – ich sage es noch einmal – aus Gründen einer *Realpolitik,* die ihr Schweigen zu einem diplomatischen und folglich unentschuldbaren Schweigen macht.

Meine äußerst vernünftige Meinung ist dagegen folgende: anstatt gegen diese Gesellschaft, die die Abtreibung repressiv verurteilt, auf der Ebene der Abtreibung zu kämpfen, muß man sie auf der Ebene der Ursache der Abtreibung bekämpfen, d. h. auf der Ebene des Koitus. Es handelt sich, das ist klar, um zwei »verspätete« Kämpfe; doch hat der »auf der Ebene des Koitus« immerhin das Verdienst, daß er nicht nur logischer und radikaler ist, sondern auch potentiell unendlich viel weiter geht in dem, was er alles impliziert.

Zunächst einmal gilt es, gegen die »Schein-Toleranz« der neuen, totalitären Herrschaft des Konsums zu kämpfen, indem man sich mit aller gebotenen Empörung davon absetzt; weiterhin muß man gegen die immer noch klerikal-faschistische Nachhut dieser Herrschaft eine ganze Reihe von Maßnahmen »realer« Liberalisierung des Koitus (und folglich auch seiner Auswirkungen) durchsetzen: Mittel zur Empfängnisverhütung, Pillen, andere Liebestechniken, eine neue Sexualmoral usw. usw. Es würde genügen, dies alles durch die Presse und vor allem durch das Fernsehen demokratisch zu verbreiten, und die Abtreibung wäre im Grunde kein Problem mehr; sie bliebe jedoch, wie es sein muß, weiterhin ein moralisches Vergehen und damit ein Fall für das Gewissen. Ist das alles utopisch? Ist es verrückt, sich vorzustellen, daß eine »Autorität« auf dem Bildschirm erscheint und für »andere« Liebestechniken wirbt? Und wenn schon: diejenigen, gegen die ich hier polemisiere, dürften vor solchen Schwierigkeiten nicht zurückschrecken. Soweit ich weiß, zählt für sie einzig und allein das demokratische Prinzip in all seiner Strenge und nicht die Macht des Faktischen (wie es dagegen bei sämtlichen politischen Parteien skrupellos der Fall ist).

Noch eine Bemerkung zum Schluß: viele, denen es an der mannhaften und rationalen Fähigkeit zur Einsicht mangelt, werden mir vorhalten, mein Beitrag sei subjektiv, minoritär. Na und?

Der Leser möge mir verzeihen, aber ich möchte noch einmal auf das Problem der Abtreibung zurückkommen, oder besser gesagt auf die Probleme, die aus der darüber geführten Diskussion entstanden sind. Was nämlich wirklich zählt, sind die Probleme des Koitus, nicht die der Abtreibung.

Dennoch enthält letztere etwas, was offenbar »dunkle« Kräfte in uns wachruft, die noch vor dem Koitus selbst liegen: es ist unser Eros in seiner Unendlichkeit, der durch die Abtreibung in Frage gestellt oder doch zumindest zum Gegenstand von Fragen wird. Was mich betrifft, so habe ich bereits klar gesagt, daß die Abtreibung mich auf die dreiste Selbstverständlichkeit verweist, mit der man den Koitus im allgemeinen behandelt. Diese dreiste Selbstverständlichkeit macht den Koitus zu etwas derart Ontologischem, daß er praktisch auf ein Nichts reduziert wird. Eine Frau wird schwanger und es ist, als hätte sie ein Glas Wasser getrunken. Dieses Glas Wasser ist sicher die einfachste Sache der Welt für den, der es hat; doch für den, der allein inmitten einer Wüste steht, ist dieses Glas Wasser alles, und er muß sich geohrfeigt fühlen von denen, die es als ein Nichts ansehen.

Die radikalen Verfechter der legalisierten Abtreibung (d. h. fast alle »aufgeklärten« Intellektuellen und die Feministinnen) sehen die Abtreibung als ein weibliches Drama, in dem die Frau mit ihrem qualvollen Problem allein und praktisch von aller Welt verlassen ist. Das kann ich verstehen. Doch könnte ich hinzufügen, daß sie im Bett nicht allein war. Außerdem frage ich mich, weshalb die radikalen Feministinnen sich mit derart betonter Abscheu gegen das romantisierende Geschwätz von der »Mutterschaft« verwahren, während sie mit den apokalyptischen Phrasen über die Abtreibung völlig unkritisch umgehen.

Für den Mann ist die Abtreibung zu einem Symbol seiner Emanzipation geworden; indem er bedingungslos für ihre Legalisierung eintritt, glaubt er sich im Besitz eines Patents für Aufgeklärtheit, Fortschrittsgeist, Vorurteilslosigkeit, Zivilcourage. Für ihn ist sie, schlicht gesagt, ein wunderschönes Spielzeug seiner Selbstbestätigung. Klar, daß man sich deshalb verhaßt macht, wenn man darauf hinweist, daß eine ungewollte Schwangerschaft, wenn auch nicht stets aus eigenem Verschulden, so doch zumindest auf Fahrlässigkeit beruhen kann. Und daß die Abtreibung – selbst wenn die bisherigen Erfahrungen für eine Legalisierung sprechen – noch nicht allein deshalb aufhört, eine moralische Schuld zu sein. Eine Schuld, von der kein Antikonformismus erlösen kann; und das schlägt natürlich dem, der nur in seinem Abtreibungsfanatismus antikonformistisch ist, leicht auf den Magen und verbiestert ihn. Und so greift er denn zu den altbewährten Mitteln, um sich des Gegners zu entledigen, der ihm das erhebende Gefühl der Vorurteilslosigkeit und der Zugehörigkeit zur Avantgarde raubt. Diese altbewährten Mittel sind all jene Gemeinheiten, die zu einer »Hexenjagd« gehören, d. h. die Aufhetzung zur Lynchjustiz, die Einreihung in die Listen der Parias, der Pranger der öffentlichen Verachtung.

Die »Hexenjagd« ist eine typische Erscheinung intoleranter, klerikal-faschistischer Gesellschaften. Der repressive Mechanismus funktioniert so: zunächst spricht man dem Opfer der »Hexenjagd« (dem »Anderen«) sein Menschsein ab und schafft so die Voraussetzung dafür, ihn von jeder Form der Brüderlichkeit und des Mitleids ausschließen zu können; womit dann im allgemeinen praktisch schon seine physische Vernichtung antizipiert ist (Himmler, die Konzentrationslager).

Doch ich habe gesagt und mehrfach wiederholt, daß die heutige italienische Gesellschaft nicht mehr klerikal-faschistisch, sondern konsumistisch und permissiv ist. Wenn nun in dieser Gesellschaft eine Verfolgungskampagne im alten klerikal-faschistischen Stil entfesselt wird, dann müßte das eigentlich meiner These widersprechen. Es handelt sich jedoch um einen nur scheinbaren Widerspruch. Aus folgendem Grund: erstens sind die Drahtzieher dieser primitiven, vulgären und gemeinen Kampagne gegen die »Anderen« fast alles alte Männer, die aus der Generation vor dem Konsumzeitalter und seiner angeblichen Liberalität stammen; zweitens ist, wie ich immer und immer wieder gesagt habe, der Konsumismus nichts anderes, als eine neue Form des Totalitarismus, denn er totalisiert alles und treibt die Entfremdung bis zur äußersten Grenze der anthropologischen Degradierung, ja bis zum Völkermord (Marx); woraus sich ergibt, daß seine Liberalität bloß vorgetäuscht ist; sie ist die Maske der schlimmsten Repression, die je gegenüber den italienischen Massen ausgeübt wurde.

In den Worten einer der Hauptfiguren meines nächsten Films (der in seiner Handlung De Sade entnommen ist und in der Republik von Salò spielt) hört sich das so an: »In einer Gesellschaft, in der alles verboten ist, kann man alles machen; in einer Gesellschaft, wo nur etwas erlaubt ist, kann man nur dieses Etwas machen.«

Was erlaubt denn die permissive Gesellschaft? Sie erlaubt die ungehinderte Entfaltung der heterosexuellen Paarbeziehung. Das ist schon viel und auch ganz richtig. Man muß jedoch sehen, wie das konkret abläuft. Zunächst einmal geschieht es im Verfolg des konsumistischen Hedonismus (um einen Ausdruck zu gebrauchen, der mittlerweile kaum mehr als ein Reizwort ist); was zu einer Betonung des gesellschaftlichen Moments im Koitus führt, wie es extremer nicht mehr möglich ist. Der Koitus wird zur Pflicht: wer nicht als Paar lebt, ist kein moderner Mensch, genau wie derjenige, der nicht Petrus oder Cynar trinkt. Außerdem wird auf diese Weise eine neurotisierende Frühreife produziert: gerade eben geschlechtsreife Kinder haben – innerhalb des Spielraums eines »laissez-faire«, das die Normalität zum Trauma macht – eine sexuelle Erfahrung, die sie in ihrem Geschlechtsleben jeglicher Spannung beraubt und im übrigen keinerlei Möglichkeit mehr zur Sublimierung läßt. Man könnte hier einwenden, daß die repressiven Gesellschaften Soldaten, Heilige und Künstler brauchen (wie ein lächerlicher faschistischer Spruch sagte); während die permissive Gesellschaft nur noch Konsumenten braucht. Abgesehen von jenem gesellschaftlich erlaubten »Etwas« ist alles wieder in das Inferno des Unerlaubten zurückgefallen und erneut zum Tabu geworden, das Gelächter und Haß produziert – allen fortschrittlichen Idealen und dem Kampf von unten zum Hohn. Man kann weiterhin mit der gleichen Brutalität wie in den Zeiten des Klerikalfaschismus von den »Anderen« reden: nur daß diese Brutalität im gleichen Maße wächst, wie die Liberalität gegenüber dem normalen Koitus zunimmt. Ich hatte bereits an anderer Stelle gesagt, daß es in Italien zum Ausgleich für eine bestimmte tolerante Elite (die damit ihrem demokratischen Bewußtsein schmeichelt) fünfzig Millionen inteloranter Personen gibt, die jederzeit zur Lynchjustiz bereit sind. So etwas gab es noch nie zuvor in der italienischen Geschichte. Inzwischen jedoch, so muß ich hinzufügen, haben die toleranten Eliten klar bewiesen, daß ihre Toleranz lediglich verbal besteht; da sie in Wirklichkeit ganz zufrieden sind, die »Anderen« in ein Getto verbannt zu sehen (und was machen die da wohl mit ihrer Sexualität?), wo man sie dann als vogelfreie »Monster« betrachten kann, mit denen man sich jeden noch so vulgären Scherz erlauben kann. Man braucht nur an den Fall von Maria Schneider zu denken, über den die gesamte italienische Presse auf eine gedankenlose, faschistische Art die unverschämtesten Gemeinheiten geschrieben hatte.

Doch es gibt noch eine Reihe anderer Überlegungen, die aus der bitteren Reflexion der letzten Wochen hervorgegangen sind und die mir noch mehr am Herzen liegen.

Ich hatte bereits gesagt, daß die bedingungslose Befürwortung der Abtreibung heutzutage Vernunft, Aufgeklärtheit, modernes Denken usw. bescheinigt. Und in unserem speziellen Fall bescheinigt sie eine gewisse »überlegene« Form der Gefühllosigkeit – etwas, was diejenigen mit Befriedigung erfüllt, die ich hier als pseudoprogressive Intellektuelle bezeichnen will (die nichts zu tun haben mit den ernsthaften Kommunisten oder Radikalen). Leute wie Dino Origlia, um ein Beispiel zu nennen.

Daß ich diese »überlegene« Gefühllosigkeit in bezug auf die Abtreibung beim Namen genannt habe, ist mir von der Mehrzahl meiner Gegner in unverschämter, hysterischer und unverständiger Weise verübelt worden. Nur eine einzige Stellungnahme dazu war einigermaßen kultiviert und wirklich rational: und zwar der Beitrag von Italo Calvino (im ›Corrierre della Sera‹ vom 9. 2. 1975). Darüber will ich hier diskutieren.

Calvino hat wie ich eine Entwicklung und inzwischen praktisch ein ganzes Leben unter traditionell klerikal-faschistischen Regimen durchgemacht. Als wir junge Männer waren, gab es den Faschismus; dann die erste Zeit der christdemokratischen Herrschaft, die eine getreue Fortsetzung des Faschismus war. Es war deshalb richtig, daß wir so reagierten, wie wir reagiert haben. Es war deshalb richtig, daß wir die Vernunft bemühten, um all die Scheiße zu entheiligen, die von den Klerikalfaschisten geheiligt worden war. Es war deshalb richtig, antiklerikal, aufgeklärt und fortschrittlich zu sein – um jeden Preis.

Nun wirft mir Calvino – wenn auch indirekt und mit dem Respekt einer zivilen Polemik – eine gewisse »irrationalistische« Sentimentalität vor und eine gewisse, ebenso »irrationalistische« Tendenz, im Leben grundlos etwas Heiliges zu sehen.

Soweit sich die Diskussion hier auf die Abtreibung beschränkt, möchte ich Calvino antworten, daß ich nie vom Leben an sich gesprochen habe, sondern immer von *diesem* Leben, von *dieser* Mutter, von *diesem* Bauch, von *diesem* Nasciturus. Ich habe jede Verallgemeinerung vermieden (und wenn ich in bezug auf das Leben das Attribut »heilig« gebraucht habe, so handelte es sich offensichtlich um ein Zitat, nicht ohne eine Spur Ironie). Aber darauf kommt es hier gar nicht an. Das Problem ist weitaus umfassender und schließt unter anderem ein ganz bestimmtes Selbstverständnis des Intellektuellen ein: dieser hat zunächst einmal die Pflicht, immer wieder die eigene Funktion in Frage zu stellen, und zwar vor allem da, wo sie am wenigsten fragwürdig erscheint: d. h. in ihren Grundprinzipien von Aufklärung, Antiklerikalismus und Rationalismus.

Aus Trägheit, aus Faulheit, aus Bewußtlosigkeit – aus der fatalen Pflicht heraus, sich konsequent zeigen zu müssen – riskieren viele Intellektuelle wie ich und Calvino, von einer realen Geschichte überrollt zu werden, die sie unvermittelt verblassen läßt und in Wachsfiguren ihrer selbst verwandelt.

Die herrschenden Mächte sind heute nicht mehr klerikal-faschistisch, nicht mehr repressiv. Ihnen gegenüber können wir nicht mehr die Argumente benutzen, die wir immer und immer wieder gegen die klerikal-faschistischen, gegen die repressiven Mächte ins Feld geführt hatten (Argumente, die uns so vertraut, ja geradezu ans Herz gewachsen waren).

Die neuen konsumistischen und permissiven Mächte haben sich unserer geistigen Errungenschaften – des Antiklerikalismus, der Aufklärung, des Rationalismus – bedient, um sich daraus ihr Gebäude von falschem Antiklerikalismus, falscher Aufgeklärtheit, falscher Rationalität zu zimmern. Sie haben sich unserer »Gotteslästerungen« bedient, um sich von einer Vergangenheit zu befreien, die mit all ihren entsetzlichen und idiotischen Heiligtümern nur noch hinderlich war.

Zum Ausgleich jedoch haben diese neuen Mächte ihr einzig

mögliches Heiligtum zur Absolutheit erhoben: das Heiligtum, das im Ritus des Konsums und im Fetisch der Ware besteht. Alle Hindernisse sind aus dem Wege geräumt. Die neuen Mächte brauchen keine Religionen mehr, keine Ideale und ähnliches, um das zu maskieren, was Marx demaskiert hatte.

Wie brave Esel haben die Italiener sogleich diese neue irreligiöse und antisentimentale Ideologie geschluckt: so groß ist die Anziehungs- und Überzeugungskraft der neuen Lebensqualität, die von den Herrschenden versprochen wird, und so groß ist die geballte Macht der Massenmedien (vor allem des Fernsehens), die den Herrschenden zu Gebote stehen. Wie brave Esel haben die Italiener daraus das neue Heiligtum (das nicht als solches auftritt) der Ware und ihres Konsums übernommen.

In diesem Zusammenhang sind die alten Argumente von uns Antiklerikalen, Aufklärern, Rationalisten nicht nur stumpf und unnütz geworden, sie fügen sich vielmehr genau ins herrschende Konzept ein. Zu sagen, das Leben sei nicht heilig und das Gefühl etwas Dummes, heißt, den Produzenten einen enormen Gefallen tun. Und im übrigen bedeutet es das, was man »Eulen nach Athen tragen« nennt. Die neuen Italiener wissen nicht, was sie mit Heiligtümern anfangen sollen, sie sind alle wahnsinnig modern (wenn nicht von ihrem Bewußtsein her, so doch in ihrem Handeln); und was das Gefühl betrifft, so sind sie dabei, sich schnellstens davon zu befreien.

Was macht es denn möglich, daß heute Bombenattentate tatsächlich durchführbar sind – ganz konkret, in den einzelnen Handgriffen, in ihrer unmittelbaren Ausführung –, nachdem der Plan dazu einmal da ist? Die Antwort ist ebenso furchtbar wie offensichtlich: der mangelnde Sinn dafür, daß das Leben der anderen heilig ist, und das Fehlen jeden Gefühls im eigenen Leben. Was macht die grauenhaften Aktionen jenes eindrucksvollen und beherrschenden Phänomens möglich, das in der neuen Kriminalität besteht? Es ist wieder furchtbar offensichtlich: eine Einstellung, die das Leben der anderen als ein Nichts und das eigene Herz lediglich als einen Muskel betrachtet (wie es einer jener Intellektuellen ausdrückt, die die meisten Eulen nach Athen tragen, indem sie aus dem Zentrum der Geschichte heraus gravitätisch, mitleidsvoll und verächtlich auf solch arme Teufel wie mich blicken, die verzweifelt im Leben umherirren). Und zum

Schluß will ich noch eins sagen: Sollte die schweigende Mehrheit erneut eine Form von archaischem Faschismus hervorbringen, so könnte sie dies nur aufgrund der wahnwitzigen Entscheidung, die diese schweigende Mehrheit treffen würde (und tatsächlich bereits trifft) zwischen der Heiligkeit des Lebens und den Gefühlen einerseits und dem Vermögen und dem Privateigentum andererseits: zugunsten der letzteren Alternative des Dilemmas.

Im Gegensatz zu Calvino meine ich deshalb – ohne mit unserer geistigen Tradition des Humanismus und Rationalismus zu brechen –, daß man heute nicht mehr – wie einst zu Recht – Angst haben muß, das Heilige nicht genügend zu beschmutzen oder ein Herz zu haben.

Von den Glühwürmchen

»Die Unterscheidung zwischen Faschismus als Adjektiv und Faschismus als Substantiv geht auf nichts weniger als die Zeitschrift ›Il Politecnico‹ zurück, d. h. auf die unmittelbare Nachkriegszeit…« So beginnt ein Beitrag von Franco Fortini über den Faschismus (›L'Europeo‹ vom 26. 12. 1974). Ein Beitrag, den ich – wie man so schön sagt – voll und ganz unterschreibe. Was ich jedoch nicht unterschreiben kann, ist sein tendenziöser Beginn. Denn die Unterscheidung zwischen verschiedenen »Faschismen«, wie sie der ›Politecnico‹ getroffen hat, gehört hier nicht zur Sache und ist außerdem überholt. Sie war vielleicht bis vor etwa zehn Jahren noch gültig: als das christdemokratische Regime noch die schlichte Fortsetzung des faschistischen Regimes war.

Doch vor etwa zehn Jahren ist »etwas« geschehen. »Etwas«, was vorher nicht war und was sich auch nicht voraussehen ließ, und zwar nicht nur zu Zeiten des ›Politecnico‹, sondern selbst noch ein Jahr, bevor es geschah.

Ein wirklicher Vergleich zwischen verschiedenen Faschismen kann deshalb nicht »chronologisch« erfolgen, zwischen faschistischem Faschismus und christdemokratischem Faschismus; vielmehr zwischen faschistischem Faschismus und dem radikal, total und unvorhersehbar neuen Faschismus, der aus jenem »Etwas« entstanden ist, das vor ungefähr zehn Jahren geschah.

Da ich nun ein Schriftsteller bin und mit anderen Schriftstellern polemisiere oder zumindest diskutiere, erlaube ich mir, eine poetisch-literarische Definition jenes Phänomens zu geben, das vor etwa zehn Jahren in Italien aufgetreten ist. Das wird die Sache vereinfachen und abkürzen (und vielleicht auch verständlicher machen).

Anfang der sechziger Jahre begannen aufgrund der Luftverschmutzung und, vor allem auf dem Land, aufgrund der Verschmutzung des Wassers (der blauen Flüsse und der klaren Bäche) die Glühwürmchen zu verschwinden. Eine Sache, die mit blitzartiger Geschwindigkeit vor sich ging. Ein paar Jahre später gab es die Glühwürmchen nicht mehr. (Sie sind heute eine schmerzliche Erinnerung an die Vergangenheit, und wer von den

Älteren diese Erinnerung noch hat, kann in der heutigen Jugend nicht mehr seine eigene Jugend erkennen und hat so auch nichts mehr, dem er so schön wie einst nachtrauern könnte.)

Dieses »Etwas«, das vor etwa zehn Jahren geschah, werde ich also im Folgenden »das Verschwinden der Glühwürmchen« nennen.

Das christdemokratische Regime hat zwei absolut unterschiedliche Phasen durchgemacht, die sich nicht nur im Sinne einer gewissen Kontinuität miteinander vergleichen lassen, sondern geradezu geschichtlich inkommensurabel geworden sind.

Die erste Phase dieses »Regimes« (wie es die Radikalen zu Recht stets genannt haben) beginnt mit dem Ende des zweiten Weltkriegs und geht bis zum Verschwinden der Glühwürmchen, die zweite Phase ist die vom Verschwinden der Glühwürmchen bis heute. Sehen wir uns sie der Reihe nach an.

Vor dem Verschwinden der Glühwürmchen. Die Kontinuität zwischen faschistischem Faschismus und christdemokratischem Faschismus ist total und absolut. Ich will hier nicht auf das eingehen, was hierzu auch früher schon gesagt wurde, z. B. gerade im ›Politecnico‹: die mangelnde antifaschistische Säuberung, die Kontinuität der Gesetze, der Polizeiterror, die Mißachtung der Verfassung. Worauf ich eingehen will, ist das, was man später rückblickend als wichtig erkannt hat: nämlich das schamlos Formale der Demokratie, welche die demokratischen Antifaschisten der faschistischen Diktatur entgegensetzten.

Diese Demokratie stützte sich auf eine absolute Mehrheit von Wählern aus breiten Schichten des Mittelstandes und der Bauern, die allesamt unter dem Einfluß des Vatikans standen. Dieser Einfluß des Vatikans war nur möglich auf der Basis eines total repressiven Regimes. In diesem Universum waren die zentralen »Werte« die gleichen wie im Faschismus: Kirche, Vaterland, Familie, Gehorsam, Disziplin, Ordnung, Sparsamkeit, Moral. Genau wie unter dem Faschismus drückten diese Werte eine gewisse »Realität« aus, das heißt, sie waren Bestandteil der einzelnen und konkreten Kulturen, aus denen sich das archaisch bäuerliche und frühindustrielle Italien zusammensetzte. Doch in dem Moment, wo sie zu nationalen »Werten« erhoben wurden, mußten sie zwangsläufig jegliche Realität verlieren und in brutalen, dummen und repressiven Staatskonformismus ausarten: in den Konformismus der faschistischen und christdemokratischen Herrschaft. Die gleiche Kleinkariertheit, Plumpheit und Ignoranz herrschte bei den gesellschaftlichen Eliten wie auch – in anderer Form – bei den Massen sowohl unter dem Faschismus, als auch in der ersten Phase des christdemokratischen Regimes. Exemplarisch für diese Ignoranz waren ein Pragmatismus und ein Formalismus vatikanischer Prägung.

All dies ist erst heute unmißverständlich klar geworden, denn damals machten sich die Intellektuellen und Oppositionellen noch unbegründete Hoffnungen. Man glaubte, daß das alles doch nicht so ganz wahr sei, und daß die formelle Demokratie im Grunde doch eine gewisse Bedeutung habe.

Bevor ich nun zur zweiten Phase komme, scheint es mir angebracht, ein paar Worte über den Moment des Übergangs zu verlieren.

Während des Verschwindens der Glühwürmchen. In dieser Phase konnte die vom ›Politecnico‹ getroffene Unterscheidung zwischen Faschismus und Faschismus noch Gültigkeit beanspruchen. Denn weder die große Nation, die sich innerhalb der Nation herauszubilden begann – d. h. die von der KPI organisierten Arbeiter- und Bauernmassen – noch der fortschrittlichste und kritischste Teil der Intellektuellen hatte bemerkt, daß »die Glühwürmchen am Verschwinden waren«. Sie hatten alle recht gute Informationen von der Soziologie erhalten (die in jenen Jahren die Methoden marxistischer Analyse in Schwierigkeiten gebracht hatte); doch waren das Informationen, die im Grunde formal, nicht durch Erfahrung vermittelt waren. Niemand konnte die historische Realität erahnen, die zur unmittelbaren Zukunft werden sollte; und ebenso wenig ließ sich das, was damals Wohlstand hieß, als die »Entwicklung« erkennen, die in Italien zum ersten Mal umfassend jenen »Völkermord« verwirklichen sollte, von dem Marx im ›Manifest‹ spricht.

Nach dem Verschwinden der Glühwürmchen. Die nationalisierten und damit verfälschten »Werte« der alten bäuerlichen und frühkapitalistischen Welt sind auf einmal nicht mehr wichtig. Kirche, Vaterland, Familie, Gehorsam, Ordnung, Sparsamkeit,

Moral sind auf einmal nicht mehr wichtig. Nicht einmal das Falsche an ihnen ist noch zu gebrauchen. Sie überwintern im Getto des Klerikalfaschismus (selbst die MSI lehnt sie im großen und ganzen ab). An ihre Stelle treten die »Werte« eines neuen Gesellschaftsmodells, das mit der bäuerlichen und frühindustriellen Gesellschaft nichts mehr gemein hat. Diese Erfahrung haben auch schon andere Länder gemacht. In Italien jedoch hat sie einen ganz speziellen Charakter, denn hier stellt sie sich dar als die erste wirkliche »Vereinigung«, die unser Land über sich ergehen lassen mußte; während sie in anderen Ländern – mit einer gewissen Logik – von der doppelten Vereinigung überlagert wird, die zunächst in der Zeit der Monarchien und dann während der bürgerlichen und industriellen Revolution erfolgte. Das italienische Trauma des Zusammenstoßes einer vielfältigen »archaischen« Welt mit der industriellen Nivellierung hat wohl nur einen einzigen Präzedenzfall: Deutschland vor der Machtergreifung Hitlers. Auch hier wurden die Werte der verschiedenen Sonderkulturen im Verlauf der brutalen Gleichschaltung durch die Industrialisierung zerstört: was zur Herausbildung jener enormen Massen führte, die nicht mehr der alten (bäuerlich-handwerklichen) und noch nicht der neuen (bürgerlichen) Welt angehörten und die das Heer der entfesselten, wahnsinnigen und unberechenbaren Nazitruppen gebildet haben.

In Italien läuft nun ein ähnlicher Prozeß ab und zwar mit noch größerer Vehemenz, denn die Industrialisierung der siebziger Jahre stellt eine »Mutation« dar, die in ihrer Tragweite noch über die deutsche Erfahrung der zwanziger Jahre hinausgeht. Inzwischen ist jedem klar geworden, daß wir es hier nicht bloß mit »neuen Zeiten« zu tun haben, sondern mit einer neuen Epoche der Menschheitsgeschichte: jener Menschheitsgeschichte, deren Abläufe man in Jahrtausenden zählt. Die Italiener hätten auf dieses traumatische Erlebnis gar nicht schlimmer reagieren können: sie sind innerhalb weniger Jahre (vor allem in Mittel- und Süditalien) zu einem degenerierten, lächerlichen, widerwärtigen und kriminellen Volk verkommen. Man braucht nur auf die Straße zu gehen, um das zu begreifen. Doch um wirklich zu verstehen, was sich an den Leuten verändert hat, muß man sie natürlich lieben. Ich habe – leider – diese Italiener einmal geliebt: nicht im Sinne der gängigen Klischees (sondern in verzweifelter Opposition dagegen) und auch nicht in einem volkstümelnden und humanitären Sinne. Es war eine echte Liebe, die aus meiner ganzen Lebensweise herrührte. Ich habe also »mit all meinen Sinnen« gesehen, wie das von der Konsumgesellschaft geforderte Zwangsverhalten das Bewußtsein des italienischen Volkes umgemodelt, deformiert und zu einer Degradierung getrieben hat, von der es kein Zurück mehr gibt. Etwas, was selbst der faschistische Faschismus nicht erreicht hatte, denn damals war das äußere Verhalten völlig vom Bewußtsein getrennt. Vergeblich versuchte der »totalitäre« Herrschaftsapparat immer und immer wieder, seine Verhaltensmaximen bei den Leuten durchzusetzen – ihr Bewußtsein blieb von all dem unberührt. Die faschistischen »Modelle« waren nichts als Masken, die man aufsetzte und wieder abnahm. Als der faschistische Faschismus dann zusammengebrochen war, wurde alles wieder wie zuvor. Das hat sich auch in Portugal gezeigt: nach vierzig Jahren Faschismus hat das portugiesische Volk den 1. Mai gefeiert, als sei es das letzte Mal ein Jahr zuvor gewesen.

Es ist deshalb lachhaft, wenn Fortini die Unterscheidung zwischen Faschismus und Faschismus auf die Nachkriegszeit zurückdatiert: für die Unterscheidung zwischen faschistischem Faschismus und dem Faschismus dieser zweiten Phase christdemokratischer Herrschaft gibt es nicht nur in unserer, sondern wahrscheinlich in der gesamten Geschichte keine Vergleiche.

Nun schreibe ich jedoch den vorliegenden Artikel nicht nur, um über diese Fragen zu polemisieren – so sehr sie mir am Herzen liegen. Ich schreibe diesen Artikel in Wahrheit aus einem ganz anderen Grund. Und darüber will ich jetzt sprechen.

Meine Leser haben gewiß alle bemerkt, daß sich an den christdemokratischen Potentaten etwas verändert hat: im Verlauf weniger Monate sind sie alle zu Totenmasken erstarrt. Gut, es stimmt, sie setzen nach wie vor dieses strahlende Lächeln auf, das von einer so unglaublichen Aufrichtigkeit ist. In ihren Pupillen ballt sich das selige Leuchten wahrhaft guter Laune. Es mag hie und da auch das Zwinkern ihrer Schläue und Gerissenheit sein, was da leuchtet. Doch das gefällt den Wählern offenbar ebensogut wie ein glückliches Strahlen.

Außerdem machen unsere Potentaten unbeirrbar weiter mit ihrem unverständlichen Geschwafel, an dessen Oberfläche die Blasen der altbekannten, stereotypen Versprechungen blubbern.

Doch wie gesagt, in Wahrheit sind sie Masken. Ich bin überzeugt, daß man hinter diesen Masken, nähme man sie ab, nicht einmal ein Häufchen Knochen oder Asche finden würde: da wäre einfach ein Nichts, gähnende Leere.

Die Erklärung dafür ist recht einfach: Es gibt heute in Italien ein dramatisches Machtvakuum. Nicht ein Vakuum legislativer oder exekutiver Gewalt, auch nicht ein Vakuum politischer Führung und ebensowenig ein Machtvakuum im traditionellen Sinn. Vielleicht besteht ein Machtvakuum *an sich*.

Wie haben wir es zu diesem Vakuum gebracht? Oder besser: wie haben es die Männer der Macht dazu gebracht?

Die Erklärung ist auch diesmal wieder recht einfach: die christdemokratischen Machthaber sind von der »Phase der Glühwürmchen« in die »Phase nach dem Verschwinden der Glühwürmchen« eingetreten, ohne es gemerkt zu haben. Wenn dies auch fast schon verbrecherisch anmuten mag, so waren sie sich dessen doch in keiner Weise bewußt: sie haben nicht einmal im Traum geahnt, daß die Herrschaft, die sie innehatten und verwalteten, nicht lediglich eine ganz »normale« Evolution durchmachte, sondern sich vielmehr radikal in ihrem Wesen änderte.

Sie hatten geglaubt, unter ihrem Regime würde alles mehr oder weniger so bleiben, wie es immer schon war: Daß sie sich z. B. bis in alle Ewigkeit auf den Vatikan stützen könnten; dabei merkten sie überhaupt nicht, daß die Herrschaft, die sie selbst weiterhin innehatten und verwalteten, gar nicht mehr wußte, was sie mit dem Vatikan als dem geistigen Zentrum eines bäuerlichen, rückständigen und ärmlichen Lebens anfangen sollte. Sie hatten sich vorgestellt, sie könnten sich bis in alle Ewigkeit auf eine nationalistische Armee stützen (so wie ihre faschistischen Vorgänger); und dabei sahen sie nicht, daß ihre eigene Herrschaft, die sie immer noch selbst innehatten und verwalteten, bereits dahin tendierte, die Grundlagen für neue, übernationale Armeen, sozusagen eine Art technokratischer Polizeitruppen, zu schaffen. Und das gleiche läßt sich von der Familie sagen, die in bruchloser Kontinutität seit dem Faschismus zu Sparsamkeit und Moral verdonnert war: nunmehr wurde ihr durch die Konsumgesellschaft ein radikaler Wandel auferlegt, der bis zur Akzeptierung der Ehescheidung ging und inzwischen potentiell keine Grenzen mehr kennt (wenn nicht die äußeren Grenzen der »Toleranz« dieser neuen Herrschaft, die nicht bloß totalitär, sondern schlimmer noch, gewaltsam totalisierend ist).

Die christdemokratischen Machthaber ließen dies alles über sich ergehen – im Glauben, sie hätten weiterhin alle Zügel in der Hand. Sie merkten nicht, daß die Macht auf einmal etwas »Anderes« war, etwas strukturell Verschiedenes, und zwar nicht nur ihnen selbst gegenüber, sondern auch im Hinblick auf ein bestimmtes gesellschaftlich-kulturelles Modell. Symptome dafür ließen sich, wie immer (vgl. Gramsci), lediglich an der Sprache erkennen: in der Übergangsphase – d. h. »während des Verschwindens der Glühwürmchen« – haben die christdemokratischen Machthaber fast mit einem Schlag ihre Ausdrucksweise geändert und sich einen völlig neuen Jargon angewöhnt (der im übrigen so unverständlich wie Latein ist). Beispielhaft dafür ist Aldo Moro, eben der Mann, der (aus wer weiß welch geheimnisvoller Korrelation) am wenigsten in all die abscheulichen Dinge verwickelt scheint, die von 1969 bis heute von denen organisiert wurden, die um keinen Preis die Macht aus den Händen geben wollen; was ihnen bislang auch, formal gesehen, gelungen ist.

Ich sage »formal gesehen«, denn hinter ihrem roboterhaften Gehabe und hinter ihrem Lächeln verbergen die christdemokratischen Potentaten ihre Leere. Die reale Macht braucht sie nicht mehr, und ihnen ist nichts geblieben außer ein paar nutzlosen Apparaten, denen sie höchstens durch ihre Trauerkleidung, ihre steifen Zweireiher, noch eine gewisse Realität verleihen können.

Trotzdem kann es in der Geschichte kein »Vakuum« geben: man kann höchstens abstrakt darüber reden, in einer Argumentation, die »ad absurdum« zielt. Es ist durchaus möglich, daß im Verlauf der gegenwärtigen Krise und einer Neuordnung, die zwangsläufig das ganze Land erschüttern muß, dieses »Vakuum« sich derzeit schon zu füllen beginnt. Ein Anzeichen dafür ist die »krankhafte« Erwartung eines Staatsstreichs. So, als ob es nur darum ginge, eine Handvoll Männer »auszuwechseln«, die uns seit dreißig Jahren auf haarsträubende Art regieren und Italien damit in eine wirtschaftliche, ökologische, urbanistische und anthropologische Katastrophe getrieben haben. In Wahrheit würde der formale Austausch dieser »Marionetten« gegen andere »Marionetten« (aus einem noch tödlicheren Kasperltheater) durch künstliche Wiederaufrüstung der alten faschistischen Machtapparate überhaupt nichts nützen (und um es ganz klar zu sagen: eine solche »Truppe« wäre, schon in ihrer Haltung, nazistisch). Die reale Macht, der unsere »Marionetten« seit etwa zehn Jahren dienen, ohne daß sie deren Realität erkannt hätten – das ist es vielleicht, was dieses »Vakuum« bereits gefüllt haben könnte (und damit auch eine mögliche Regierungsbeteiligung jener großen kommunistischen Nation, die aus dem Zusammenbruch Italiens hervorgegangen ist, zunichte gemacht hätte; denn es geht hier gar nicht ums »Regieren«). Über diese »reale Herrschaft« haben wir abstrakte und im Grunde apokalyptische Vorstellungen: wir können uns schwerlich ausmalen, was für »Formen« sie annehmen würde, wenn sie unmittelbar an die Stelle jener Handlanger träte, die in ihr lediglich eine »Modernisierung« gewisser Techniken gesehen haben. Jedenfalls, was mich betrifft (falls das den Leser interessiert), so will ich eins ganz klar sagen: ich gäbe – selbst wenn ich ein Multinationaler wäre – den ganzen Montedison-Konzern für ein Glühwürmchen her.

Ich habe einen Augenblick lang im Fernsehen den Saal gesehen, in dem die christdemokratischen Potentaten, die uns seit dreißig Jahren regieren, zur Beratung versammelt waren. Aus den Mündern dieser alten, zwanghaft immergleichen Männer, kam auch nicht ein Wort, das irgendeinen Bezug zu unserem Leben und unserer Erfahrung gehabt hätte. Sie waren wie Insassen einer Art von Konzentrationslager, die seit dreißig Jahren von der Außenwelt abgeschnitten sind. Selbst in ihrer Autorität war etwas Totes, obwohl ihre Körper nach wie vor den Glauben daran vermittelten. Fanfanis unbefangen pathetische Rufe nach dem *ancien régime* waren von einer Verlogenheit, die an Wahnsinn grenzte; die von Moro beschriebenen Jugendlichen waren Phantasiegestalten, wie man sie sich nur vom Grunde einer Schlangengrube aus vorstellen kann; das Schweigen Andreottis war begleitet von einem wachsbleichen, verschlagenen Lächeln, das entsetzliche Unsicherheit verkündete und nicht mehr wußte, wie es seine Schüchternheit verbergen sollte...

Ach ja, Andreotti. Zu seiner Antwort wollte ich mich eigentlich äußern. Selbstverständlich nicht ohne gewisse Bedenken. Wovor ich ein bißchen Angst habe, ist die Vorstellung, daß er mich vielleicht absichtlich – mit dem den Machthabern eigenen Geschick – in seinen Sumpf gezogen hat. Wenn ich ihm jetzt in diesem Sumpf – in demselben Elendsgrau – antworte, dann lasse ich mich auf sein Spiel ein.

Antworte ich ihm nicht, dann kann ich mein Spiel nicht spielen.

Worin besteht nun Andreottis Geschick (vorausgesetzt, er hat welches)? Darin, daß er mir auf einen Artikel geantwortet hat, *den ich nicht geschrieben habe*. Tatsächlich käme es mir nie in den Sinn, irgend etwas über die »Mißregierung« oder die »Klüngelwirtschaft« seiner Partei zu schreiben. Es gibt hunderte von Journalisten und Politikern, die seit dreißig Jahren darüber schreiben und sehr viel besser informiert sind als ich. Deshalb stelle ich die These auf, daß Andreotti lediglich *vorgespiegelt* hat, er würde mich zu denen rechnen, die über die Mißregierung und Klüngelwirtschaft der Christdemokraten schreiben, um darauf eine Verteidigungsrede ex cathedra *vorspiegeln* zu können. Bei dieser »Spiegelfechterei« hätte ich zwangsläufig danebenhauen müssen.

Ich will jedoch – wenigstens vorerst – diese äußerst plausible These ausschließen, daß Andreotti mich – in aller Höflichkeit – in diese »Spiegelfechterei« hineinziehen wollte: ich will seinen Antwortbrief beim Wort nehmen, ich will an seine Ehrlichkeit glauben. Ich will glauben, daß er mich auch in einem Gespräch unter vier Augen – wobei ich ihm ein Höchstmaß an gutem Glauben unterstellen würde – die Antwort gegeben hätte, die er mir öffentlich im ›Corriere della Sera‹ gegeben hat.

In diesem Fall *hätte er nicht vorgespiegelt, nichts verstanden zu haben* von dem, was ich über die Democrazia Cristiana geschrieben habe: *er hätte buchstäblich nichts verstanden* von dem, was ich geschrieben habe.

Worin besteht nun eigentlich im Ernst seine Verteidigung der Democrazia Cristiana (gegen jemanden, der nicht im Traum daran dächte, sie in diesem Sinne anzugreifen)? Sie besteht in einer langen, fleißigen und vorhersehbaren Aufzählung der Verdienste eben dieser Democrazia Cristiana. Diese Aufzählung hat – technisch gesprochen – etwas Liturgisches an sich. Es ist bekannt, daß alle Religionen eine Schwäche für Aufzählungen haben; das Schema ist das der Gebote, der Litanei, des Rosenkranzes. Das spricht in gewissem Sinne für Andreotti, denn es beweist eindeutig – wie jeder sprachliche Beweis –, daß seine katholische Gutgläubigkeit etwas kindlich Ehrliches hat.

Trotzdem, was uns betrifft, so präsentiert sich uns diese Andreotti'sche Aufzählung von Verdiensten der Democrazia Cristiana im wesentlichen und fatalerweise als eine Aufzählung der Werke des Regimes. Ich sage das nicht so sehr in polemischer Absicht (obwohl natürlich auch ein bißchen Polemik dabei ist; schließlich will ich ja ehrlich davon ausgehen, daß Andreottis Antwort ehrlich gemeint ist), ich sag' es vor allem, um ein Phänomen hervorzuheben, das sich objektiv bei allen Werken des Regimes vorfindet und das folgendes ist: die Werke des Regimes sind keine Werke des Regimes. Sie sind lediglich Werke, die das Regime vollbringt, weil es keine andere Wahl hat. Es vollbringt sie natürlich denkbar schlecht (und darin unterscheidet sich die Democrazia Cristiana von keinem anderen Regime), aber – noch einmal – es hat keine andere Wahl. Jede x-beliebige Regierung in Italien hätte Ende der dreißiger Jahre die Pontinischen Sümpfe trockengelegt: das faschistische Regime hat diese Urbarmachung, an der alle beteiligt waren, als sein Werk verzeichnet. Zu all den Werken, die Andreotti liturgisch als Verdienste des Christdemokratischen Regimes aufzählt, ließe sich dasselbe wiederholen: das Regime hatte keine andere Wahl. Und – noch einmal – es hat sie miserabel ausgeführt. Aber ich befasse mich ja nicht mit Fragen wie Mißregierung oder Klüngelwirtschaft. Nur wenn ich mich mit diesen Fragen befassen würde, könnte ich feststellen, daß in Andreottis Aufzählung jeglicher Hinweis auf die Krankenhäuser und die Schulen fehlt (es wird lediglich auf die »schulbesuchende Bevölkerung« hingewiesen, was dann zu einem tautologischen Fehlschluß führt: so als ob die Italiener durch die Schulen besser würden, und nicht etwa schlimmer).

Ich greife nun zwei der wichtigsten Werke heraus, die Andreotti aufgezählt hat, und zwar den Wohnungsbau (»mehr als fünfzig Prozent aller Italiener sind inzwischen Eigentümer der Wohnung, in der sie leben«) und die Übersiedelung riesiger Menschenmassen vom Land in die Städte (»Millionen von Bauern haben eine Arbeit in der Industrie gefunden oder ein selbständiges Gewerbe ergriffen«).

Es handelt sich um zwei Phänomene, die Andreotti unter einem streng pragmatischen, faktischen, materiellen – und ich würde fast sagen: registrierenden Gesichtspunkt betrachtet. Sie präsentieren sich in seiner Aufzählung als nüchterne Daten, die außer ihrer bloßen Existenz (oder ihrer Aktualität) keine weitere Bedeutung haben. Reiner administrativer Nominalismus. Andreotti kümmert sich nicht – sozusagen, als sei das nicht seine Angelegenheit – um die menschlichen, kulturellen und politischen Auswirkungen dieser Phänomene. Man könnte meinen, er hätte noch nie etwas von der anthropologischen Degradierung gehört, die aus einer »Entwicklung ohne Fortschritt« folgt, wie sie gerade in Italien mit seinem Wohnungsbau und seiner städtebaulichen Politik eingetreten ist. Ganz abgesehen davon, daß die Wohnungen, die während des dreißigjährigen christdemokratischen Regimes gebaut wurden, eine echte Schande darstellen und die Lebensbedingungen der in den Norden oder nach Deutschland emigrierten Bauern entsetzlich sind. (Doch ich gehöre ja nicht zu denen, die sich mit Fragen wie Mißregierung oder Klüngelwirtschaft befassen.) Um jedoch weiter bei diesem Spiel mitzuspielen (das ich im Grunde nicht akzeptieren dürfte), mache ich zu den beiden beispielhaft erwähnten Phänomenen die folgenden Bemerkungen.

Am Wohnungsbau und an der Landflucht lassen sich außerordentlich genau und treffend – und wohl auch statistisch – die beiden »Phasen der Glühwürmchen« nachweisen, von denen ich in meinem *wahren* Artikel gesprochen habe.

Tatsächlich sind die Wohnungen, die von der Democrazia Cristiana während der »Phase, in der es noch Glühwürmchen gab« (fünfziger Jahre) nach einer ganzen Reihe denkwürdiger Bauskandale schließlich doch geschaffen wurden, das Werk eines ganz normalen und traditionellen Klassenkampfs, der die Democrazia Cristiana zum Handeln gezwungen hatte. Und das gleiche gilt für die Agrarpolitik. Was die Democrazia Cristiana hier an eigener, origineller Initiative entfaltet hat, das waren ihre Spekulationsgeschäfte und die Schüsse der Polizei.

Während der »Phase der Glühwürmchen« (sechziger und siebziger Jahre) kehrt sich die Situation total um: es erfolgt jener »Bruch der Kontinuität«, den ich ohne Bedenken für tausendjährig erklärt habe und erkläre: der Übergang von einer Epoche der Menschheitsgeschichte zu einer andern durch das Aufkommen des Konsumismus und seines Massenhedonismus: ein Ereignis, das vor allem in Italien eine regelrechte anthropologische Mutation zur Folge hatte. In dieser »Phase« wurde die Democrazia Cristiana nun nicht mehr von der Arbeiterklasse unter Führung der KPI zu ihren Werken getrieben (oder allenfalls in ganz bescheidenem Maße und ganz zu Anfang): es war nun umgekehrt das Kapital mit seiner unaufhaltsamen »wirtschaftlichen Expansion«. Und die ließ dann allerdings – von einer berauschten Democrazia Cristiana – Myriaden von Wohnungen bauen und verschluckte darin die vom Land geholten Bauern.

Auch damit hat die Democrazia Cristiana nichts zu tun. Sie hat so wenig damit zu tun, daß sie offenbar gar nicht gemerkt hat, was geschieht. Sie hat nicht gemerkt, daß sie fast mit einem Schlag nur noch ein Instrument jener formalen Macht war, die noch überlebt hat und mit deren Hilfe ein neuer, realer Machtapparat ein ganzes Land zugrunde gerichtet hat. Andreotti verliert in seiner Antwort natürlich nicht mehr als ein paar Worte, da wo es um die Kirche geht. Doch die Kirche ist gerade einer jener Werte, die von der neuen, realen Herrschaft zerstört wurden; und zwar durch einen regelrechten Völkermord an den Geistlichen, der im Zusammenhang steht mit einem noch weitaus eindrucksvolleren und dramatischeren Völkermord an den Bauern.

Ich will mich nun gewiß nicht auf die Seite der Kirche und ähnlicher Werte stellen, die von der »Entwicklung« aus pragmatischen Gründen abgeschafft wurden. Doch kann mir Andreotti bestimmt nicht vorwerfen, ich würde das nicht als Problem sehen. Schließlich ist er es, der über die Glühwürmchen lacht, ich nicht.

Aber nachdem ich nun meine graue Pflicht getan habe, ist jetzt endlich der Moment gekommen, zu der von mir zuerst formulierten These zurückzukehren: d. h. zu der sehr viel amüsanteren These, daß Andreotti *vorgespiegelt* hat, mich nicht zu verstehen, um mir dann diese Antwort zu geben, die völlig an der Sache vorbeigeht und alles unter den Teppich kehrt. Daß diese These ernsthafte Chance hat, die richtige zu sein, zeigt sich daran, daß Andreotti gegen Ende seines Beitrags, an der rhetorisch heikelsten Stelle (d. h. unmittelbar vor dem Finale) eine obskure Anspielung auf Nixon macht.

Die unterschwellige Aussage dieser obskuren Anspielung ist jedenfalls klar, und sie lautet folgendermaßen: hier in Italien, liebe Freunde, geht das nicht, was man in Amerika mit Nixon gemacht hat, d. h., jemanden einfach davonzujagen, weil er sich schwerer Verletzungen der demokratischen Spielregeln schuldig gemacht hat: die christdemokratischen Machthaber hier in Italien sind nämlich unersetzbar.

Es liegt eine fast schon teuflische Herausforderung in dieser obskuren und dabei doch so klaren Anspielung Andreottis. Die christdemokratischen Machthaber sind vergleichbar (mehr noch, sie werden verglichen) mit Nixon; und weiter?

Abgesehen davon – so scheint Andreotti sagen zu wollen –, daß die Nachfolger Nixons die gleiche Politik wie Nixon verfolgen und deshalb weiterhin, jedenfalls in Italien, die Männer vom Schlage eines Nixon unterstützen, und abgesehen davon, daß es hier in Italien keinen mittelmäßigen Ford gibt, der bereit wäre, unsere Nixons zu ersetzen (jedermann weiß, was es heute in Italien bedeutet, politische Karriere machen zu wollen, und daß die ordinären kleinen Provinzadvokaten, die bis vor etwa zehn Jahren ins Parlament gewählt wurden, gegenüber ihren Nachfolgern von heute noch ausgesprochene Giganten waren), abgesehen davon sind unsere Nixons unendlich viel mächtiger als die amerikanischen Nixons: denn sie beherrschen – so scheint es jedenfalls – die Kunst, sich unersetzbar zu machen.

Diese *Anspielung* Andreottis steht nun in einem völlig logischen Zusammenhang mit einer ebenso bezeichnenden *Unterlassung*. Nämlich: Andreotti weist zwar auf das Problem der Kriminalität hin, der gewöhnlichen wie der politischen, die – wie vom Himmel gefallen – das heutige Leben in Italien bestimmt; er unterläßt es jedoch, in seinem Artikel auch über die »Strategie der politischen Spannung« und die Bombenanschläge zu sprechen.

Die Männer, die das politische Leben in Italien – und letztlich unser Leben überhaupt – bestimmen, diese Männer wissen nicht oder *sie tun so, als ob sie nicht wüßten*, daß die Macht, der sie dienen und die sie praktisch innehaben und verwalten, sich radikal gewandelt hat; und weiter: sie wissen nicht oder *sie tun so, als ob sie nicht wüßten*, worin die einzige Kontinuität dieser Macht besteht: nämlich in ihren Massakern. Das ist empörend. Und ich bin empört: auch auf die Gefahr hin, kleingeistig und konformistisch zu sein (was man immer ist, wenn man sich empört und sich so zum Wortführer allgemeiner und mehrheitlicher Gefühle macht, die nie ganz frei von einer gewissen Herdenmentalität sind). Eines ist jedenfalls klar: solange die christdemokratischen Machthaber über die unter ihren Augen eingetretene traumatische Veränderung der Welt schweigen, solange ist ein Dialog mit ihnen unmöglich.

Und was genauso klar ist: Solange die christdemokratischen Machthaber über das schweigen, was innerhalb dieser Veränderung an Kontinuität besteht, d. h. die Kriminalität ihres Staats, solange ist nicht nur kein Dialog mit ihnen möglich, sondern es ist schlichtweg unzulässig, daß sie weiterhin an der Spitze dieses Landes stehen. Im übrigen muß man sich fragen, was empörender ist: die provozierende Hartnäckigkeit, mit der die Machthaber ihre Macht festhalten – oder die apokalyptische Passivität, mit der die Leute ihre physische Präsenz hinnehmen (»... wenn sich die Herrschenden einmal über alle Schranken hinweggesetzt haben, dann läßt sich an ihrer Herrschaft nichts mehr verändern; man muß sie hinnehmen, wie sie ist«; Leitartikel des ›Corriere della Sera‹ vom 9. 2. 1975).

Ich weiß.

Ich weiß die Namen der Verantwortlichen für das, was man *Putsch* nennt (und was in Wirklichkeit aus einer ganzen Serie von *Putschen* besteht, die als System der Herrschaftssicherung auftritt).

Ich weiß die Namen der Verantwortlichen für die Bomben von Mailand am 12. Dezember 1969.

Ich weiß die Namen der Verantwortlichen für die Bomben von Brescia und Bologna von Anfang 1974.

Ich weiß die Namen des »Spitzengremiums«, das sowohl die alten Faschisten – die Planer der *Putsche* – steuerte, als auch die Neofaschisten, die mit eigener Hand die ersten Bomben legten, und schließlich auch die »unbekannten« Urheber der jüngsten Anschläge.

Ich weiß die Namen derer, die jene beiden unterschiedlichen, ja sogar entgegengesetzten Phasen der politischen Spannung gelenkt haben: eine erste, antikommunistische Phase (Mailand 1969) und eine zweite, antifaschistische Phase (Brescia und Bologna 1974).

Ich weiß die Namen der Mächtigen, die mit Unterstützung der CIA (und in zweiter Linie auch der griechischen Obristen und der Mafia) zunächst einen antikommunistischen Kreuzzug inszenierten, um die Revolte von 1968 abzuwürgen (womit sie im übrigen elend gescheitert sind) und sich dann, auch diesmal unterstützt und inspiriert vom CIA, eine neue antifaschistische Jungfräulichkeit gaben, um über das Desaster des Referendums hinwegzukommen.

Ich weiß die Namen derer, die zwischen zwei Kirchgängen ihren Leuten die Anweisungen erteilten und politische Rückendeckung zusicherten: alten Generälen (um die Organisation für einen möglichen Staatsstreich auf Abruf bereit zu halten), jungen Neofaschisten – oder besser gesagt: Neonazis – (um konkret eine Situation antikommunistischer Spannung zu schaffen) und schließlich ganz gewöhnlichen Kriminellen, die bis jetzt noch – und vielleicht für immer – ohne Namen sind (um die anschließende antifaschistische Spannungssituation zu erzeugen). Ich weiß die Namen der ernsthaften und bedeutenden Persönlichkeiten, die hinter solchen Witzfiguren stehen, wie jenem General der Forstpolizei, der auf recht operettenhafte Art in Città Ducale operierte (während die italienischen Wälder in Flammen standen) oder hinter jenen grauen Organisatoren wie dem General Miceli.

Ich weiß die Namen der ernsthaften und bedeutenden Persönlichkeiten, die hinter den tragischen Gestalten von Jugendlichen stehen, die sich für die selbstmörderischen faschistischen Greueltaten entschieden haben, und hinter den gewöhnlichen Verbrechern – ob sie nun Sizilianer sind oder nicht –, die sich als Killer und bezahlte Mörder zur Verfügung stellten.

Ich weiß alle diese Namen und weiß alle Taten (Anschläge gegen Institutionen und Bombenmassaker) derer, die sich schuldig gemacht haben.

Ich weiß. Aber mir fehlen die Beweise. Ich habe nicht einmal Indizien.

Ich weiß, weil ich ein Intellektueller bin, ein Schriftsteller, der versucht, all das zu verfolgen, was passiert, all das kennenzulernen, was darüber geschrieben wird, sich all das vorzustellen, was man nicht weiß oder was verschwiegen wird; jemand, der auch fernliegende Fakten miteinander verknüpft, der die Einzelteile und Bruchstücke eines zusammenhängenden politischen Gesamtbildes miteinander verbindet, der dort die Logik wiederherstellt, wo Willkür, Wahnsinn und Geheimnis herrschen.

All das gehört zu meinem Beruf und zum Instinkt meines Berufes. Ich glaube, es läßt sich schwerlich behaupten, daß mein »Romanprojekt« verfehlt wäre, daß es keinen Bezug zur Realität hätte, daß seine Hinweise auf Fakten und Personen ungenau seien. Und ich glaube weiter, daß viele andere Intellektuelle und Romanciers dieselben Dinge wissen, die ich als Intellektueller und Romancier weiß. Schließlich ist es nicht besonders schwierig, die Wahrheit zu rekonstruieren über das, was nach 1968 in Italien geschehen ist.

Diese Wahrheit steht – das spürt man ganz deutlich – hinter einer Unzahl von journalistischen und politischen Beiträgen, in denen nicht Phantasie und Fiktion den Ton angeben, wie es naturgemäß bei mir der Fall ist.

Möglicherweise haben die Journalisten und Politiker auch Beweise oder zumindest Indizien.

Das Problem ist jedoch folgendes: obwohl Journalisten und Politiker vielleicht Beweise und sicher Indizien haben, nennen sie nicht die Namen.

Wer also könnte diese Namen nennen? Offensichtlich jemand, der erstens den notwendigen Mut dazu hat, zweitens *in seinem praktischen Handeln* nicht durch Machenschaften mit den Herrschenden kompromittiert ist und außerdem – schon von seiner Definition her – nichts zu verlieren hat: d. h. ein Intellektueller.

Ein Intellektueller könnte also ohne weiteres diese Namen öffentlich nennen – aber er hat weder Beweise noch Indizien.

Die herrschenden Mächte und diejenigen gesellschaftlichen Instanzen, die – ohne selbst Träger von Herrschaft zu sein – praktisch mit ihr verflochten sind, haben die unabhängigen Intellektuellen ausgeschlossen von jeder Möglichkeit, Beweise und Indizien zu haben; und dies einfach aufgrund innerer Logik.

Man könnte mir entgegenhalten, daß zum Beispiel ich, als Intellektueller und Erfinder von Geschichten, in diese explizit politische Welt (der Macht oder ihrer Randbereiche) eintreten, mich auf sie einlassen könnte und so die gleichen Rechte derer hätte, die mit großer Wahrscheinlichkeit an Beweise und Indizien gelangen.

Doch auf diesen Einwand würde ich erwidern, daß so etwas nicht möglich ist; denn mein potentieller intellektueller Mut, die Wahrheit zu sagen – d. h. die Namen zu nennen –, ist ja gerade das Spiegelbild des Widerwillens, der mich beim Gedanken meines Eintritts in eine solche Welt erfaßt.

Intellektueller Mut zur Wahrheit und praktische Politik sind in Italien zwei unvereinbare Gegensätze.

Dem Intellektuellen – der von der *gesamten* Bourgeoisie zutiefst und leidenschaftlich verachtet wird – schiebt man eine scheinbar vornehme und edle, in Wahrheit jedoch servile Aufgabe zu: Er darf sich mit Fragen von Moral und Ideologie auseinandersetzen.

Kommt er dieser Aufgabe nicht nach, so wird er als Verräter an seiner Rolle betrachtet: man macht sofort (als hätte man nichts anderes erwartet) ein großes Geschrei über den »Verrat am Geist«. Das Geschrei über den »Verrat am Geist« ist ein Alibi und eine schöne Selbstbestätigung für die Politiker und die Lakaien der Herrschenden.

Doch es gibt nicht nur die Herrschenden: es gibt auch eine Opposition. Diese Opposition ist in Italien so stark, daß sie selbst schon eine Macht darstellt: womit ich natürlich die Kommunistische Partei meine.

Es ist klar, daß in diesem Augenblick die Präsenz einer starken Oppositionspartei die einzige Rettung für Italien und seine armseligen Institutionen ist.

Die Kommunistische Partei ist wie ein sauberes Land in einem schmutzigen Land, ein ehrliches Land in einem verlogenen Land, ein gescheites Land in einem Idiotenland, ein kultiviertes Land in einem stumpfsinnigen Land, ein humanistisches Land in einem konsumistischen Land.

Im Verlauf der letzten Jahre hat sich zwischen der Kommunistischen Partei Italiens – als einer authentischen Einheit, einem geschlossenen »Ganzen« aus Führung, Basis und Wählerschaft – und dem Rest Italiens eine Kluft aufgetan; mit der Folge, daß die Kommunistische Partei zu einem »eigenständigen Land«, zu einer Insel geworden ist. Und gerade deshalb kann sie heute mehr denn je in enge Beziehungen zu den effektiv Herrschenden und deren verkommenem, unfähigen und degradierten Apparat treten. Doch handelt es sich dabei um diplomatische, gleichsam zwischenstaatliche Beziehungen. Tatsächlich sind die jeweiligen moralischen Prinzipien, in ihrer Konkretheit und Totalität, unvereinbar miteinander. Aber eben unter diesen Voraussetzungen ist es möglich, jenen realistischen »Kompromiß« ins Auge zu fassen, der Italien vielleicht vor der völligen Zerrüttung bewahren könnte. Ein »Kompromiß«, der in Wahrheit ein »Bündnis« zwischen zwei benachbarten oder zwei ineinander verkeilten Staaten wäre.

Doch all das, was ich an Positivem über die Kommunistische Partei Italiens gesagt habe, stellt gleichzeitig ihr relativ negatives Moment dar.

Die Teilung unseres Landes in zwei Länder – eins davon bis zum Hals in Degradierung und Degeneration abgesunken, das andere intakt und nicht kompromittiert – schafft nicht gerade die besten Voraussetzungen für Frieden und Konstruktivität.

Außerdem glaube ich, daß die Opposition – so verstanden, wie ich sie hier skizziert habe, d. h. als Land in einem Land – sich objektiv als eine *andere* Macht erweist: doch deshalb nichtsdestoweniger Macht ist.

Folglich müssen sich die Politiker dieser Opposition zwangsläufig genauso verhalten wie die Machthaber.

In unserem speziellen Fall, von dem wir gegenwärtig so dramatisch betroffen sind, haben auch sie dem Intellektuellen eine von ihnen festgelegte Aufgabe zugewiesen. Und wenn der Intellektuelle dieser (rein moralischen und ideologischen) Aufgabe nicht nachkommt, so ist er auch schon ein Verräter – was allseits mit höchster Befriedigung registriert wird.

Warum also nennen auch die Politiker der Opposition keine Namen, obwohl sie – wie man annehmen kann – Beweise oder zumindest Indizien haben, warum nennen sie nicht die Namen der wahren, d. h. der politisch Verantwortlichen für die lächerlichen Putschversuche und die entsetzlichen Massaker der letzten Jahre? Ganz einfach: Sie nennen sie nicht, weil sie – anders als ein Intellektueller – zwischen politischer Wahrheit und politischer Praxis unterscheiden. Und daraus folgt ganz konsequent, daß auch sie dem Intellektuellen, der nicht Funktionär ist, weder Beweise noch Indizien liefern. Sie dächten nicht einmal im Traum daran – was ja auch ganz verständlich ist, so wie die Dinge objektiv liegen.

Der Intellektuelle soll sich weiter an das halten, was man ihm zur Berufspflicht macht, er soll weiter nach den alten Regeln der ihm gebührenden Form Stellung nehmen.

Ich weiß sehr wohl, daß es in diesem speziellen Moment der italienischen Geschichte nicht angebracht ist, der gesamten Politikerkaste das Mißtrauen auszusprechen. Das wäre nicht diplomatisch, das ist nicht opportun. Aber das sind schon wieder Kategorien der Politik, nicht der politischen Wahrheit: der Wahrheit, für die der ohnmächtige Intellektuelle – wo er kann und wie er kann – eintreten sollte.

Gut, und eben weil ich die Namen der Verantwortlichen für die Putschversuche und die Bombenanschläge nicht nennen kann (und nicht etwa statt dessen), sehe ich mich gezwungen, meine schwache und ideelle Anklage gegen die gesamte italienische Politikerkaste auszusprechen.

Und das tue ich, weil ich an die Politik glaube, weil ich an die »formalen« Prinzipien der Demokratie glaube, weil ich an Parlament und Parteien glaube. Und natürlich von meinem speziellen Standpunkt aus – dem eines Kommunisten.

Ich bin bereit, meine Mißtrauenserklärung zurückzunehmen (ja, ich warte nur darauf), sobald sich ein Politiker dazu entschließt – nicht aus Opportunität, weil der rechte Augenblick gekommen ist, sondern vielmehr um die Voraussetzungen für diesen Augenblick zu schaffen –, die Namen der Verantwortlichen für die Putschversuche und die Massaker zu nennen, die er offensichtlich weiß, genau wie ich, doch für die er, im Gegensatz zu mir, ganz gewiß Beweise oder zumindest Indizien hat.

Falls die Mächtigen Amerikas ihr Plazet geben – etwa durch die »diplomatische« Entscheidung, einer anderen Demokratie das zu erlauben, was sich die amerikanische Demokratie im Fall Nixon erlaubt hat, dann werden diese Namen vielleicht irgendwann einmal genannt. Doch die sie dann nennen könnten, werden Männer sein, die mit eben diesen Leuten die Macht geteilt hatten: als Mitverantwortliche gegenüber Hauptverantwortlichen (und wie Amerika lehrt, ist nicht gesagt, daß die dann besser sind). Das wäre dann schließlich der wahre Staatsstreich.

Der Selbstmord der katholischen Kirche

Die Sprache des kapitalistischen Unternehmens ist eine schon von ihrer Bestimmung her rein kommunikative Sprache: die »Sphäre«, in der produziert wird, ist die Sphäre, wo die Wissenschaft »angewandt« wird, d. h. die Sphäre des reinen Pragmatismus. Die Fachleute benutzen unter sich zwar einen differenzierten Jargon, doch hat dieser eine strikt und beschränkt kommunikative Funktion. Der Sprachkodex, der *innerhalb* der Produktion gilt, verbreitet sich schließlich tendenziell auch nach außen: es ist klar, daß diejenigen, die produzieren, mit denjenigen, die konsumieren, absolut klare Geschäftsbeziehungen haben wollen.

In dieser rein kommunikativen Sprache der Industrie gibt es einen einzigen Fall von Expressivität – von allerdings absurd abwegiger Expressivität: das ist der Werbeslogan. Der Slogan muß in der Tat expressiv sein, denn er will beeindrucken und überzeugen. Seine Expressivität ist jedoch etwas Ungeheuerliches, denn sie wird augenblicklich zum Stereotyp und fixiert sich in einer Starrheit, die das genaue Gegenteil von dem ist, was wahre Expressivität ausmacht: etwas ewig Schillerndes, das unendlich viele Deutungen zuläßt.

Die Scheinexpressivität des Slogans erweist sich so als Kulminationspunkt der neuen technischen Sprache, die an die Stelle der humanistischen Sprache tritt. Sie ist das Symbol künftiger Sprachentwicklung und einer nicht expressiven Welt, die nichts kulturell Besonderes und Verschiedenes mehr kennt und total gleichgeschaltet und zentral »durchzivilisiert« ist. Eine Welt, die uns letzten Gralshütern einer vielgestaltigen, magmatischen, religiösen und rationalen Lebensanschauung wie eine Welt des Todes erscheint.

Aber muß man denn wirklich auf eine so düstere Welt gefaßt sein? Muß man sich wirklich auf eine Zukunft vorbereiten, wo »alles aus« ist? Es gibt Leute – wie mich –, die dazu neigen, aus Verzweiflung: die Liebe zu der Welt, die man erlebt und erfahren hat, macht es unmöglich, sich vorzustellen, daß es eine andere, ebenso reale Welt geben könne und daß durch neue Werte sich diejenigen ersetzen ließen, die ein Leben kostbar gemacht haben. Diese apokalyptische Vision ist sicher nicht unberechtigt, aber möglicherweise ungerecht.

Es scheint verrückt, doch jener kürzlich herausgekommene und im nächsten Moment schon zu allgemeiner Berühmtheit gelangte Slogan, mit dem die »Jesus-Jeans« warben – »Du sollst keine anderen Jeans neben mir haben« – hat etwas Neues, eine Ausnahme im fest fixierten Kanon des Slogans geschaffen; er hat in ihm unvermutete expressive Möglichkeiten zutage treten lassen und hat gezeigt, daß es andere Entwicklungsmöglichkeiten gibt, als sie das festgefahrene Denken – das sich sogleich jene armen Verzweifelten zueigen machten, die in der Zukunft nichts als den Tod sehen wollen – in seiner allzu besorgten Vernunft voraussehen ließ.

Man muß sich die Reaktion des ›Osservatore Romano‹ auf diesen Slogan ansehen: In seinem etwas antiquierten, spiritualistischen und ein bißchen abgeflachten, häßlichen Italienisch stimmt er ein – nicht gerade biblisches – Klagelied an, wobei er sich als hilfloses, armes, unschuldiges Opferlamm aufspielt. Genau der gleiche Ton, den man zum Beispiel von dem Lamento über den zunehmenden Sittenverfall in Literatur und Film gewohnt ist. Doch im letzteren Fall steht hinter dem weinerlich-biederen Ton die klare Drohung der staatlichen Gewalt: während der Artikelschreiber in seinem sauber gedrechselten Italienisch jammert und das Unschuldslamm spielt, ist hinter seinem Rücken die Staatsgewalt schon dabei, den ruchlosen Urhebern seiner Pein das Handwerk zu legen, sie mundtot zu machen und auszuschalten. Justiz und Polizei sind in Alarm; der Staatsapparat stellt sich unverzüglich und beflissen in den Dienst der Geistlichkeit. Auf die Jeremiade des ›Osservatore‹ folgen die juristischen Schritte der Herrschenden: dem blasphemischen Literaten oder Filmer ist so im Nu das Maul gestopft.

Da, wo die Kirche es mit einer Revolte unter humanistischen Vorzeichen zu tun hatte – was im Rahmen des alten Kapitalismus und der ersten industriellen Revolution noch möglich war –, fand sie stets Wege, repressiv einzuschreiten, indem sie sich brutal gegen sämtliche formaldemokratischen und liberalen Ansprüche der Staatsgewalt durchsetzte. Der Mechanismus war sehr einfach: ein Teil dieses Apparats – z. B. Justiz und Polizei – übernahm eine konservative und reaktionäre Rolle und stellte damit ganz automatisch alle seine Machtinstrumente in den Dienst der Kirche. Das Verhältnis Kirche-Staat ist nämlich von einer beiderseitigen Unlauterkeit bestimmt: die Kirche ihrerseits akzeptiert den bürgerlichen Staat – so wie sie den monarchistischen oder feudalen Staat akzeptiert hatte – und gibt ihm ihren Segen und ihre Unterstützung, ohne die er sich bis heute nicht hätte halten können; hierzu muß sie sich jedoch auf gewisse formaldemokratische und liberale Spielregeln einlassen, wozu sie wiederum nur unter der Bedingung bereit war, daß ihr stillschweigend die Möglichkeit zugestanden wurde, die Verwirklichung dieser Prinzipien einzuschränken und zu sabotieren. Zugeständnisse, die ihr der bürgerliche Staat natürlich mit größtem Vergnügen machte. Denn sein Pakt mit der Kirche hatte schlicht und einfach den Sinn, sein effektiv antiliberales und antidemokratisches Wesen dadurch zu maskieren, daß er alle antiliberalen und antidemokratischen Funktionen der Kirche zuschob und dabei so tat, als weise er ihr den Rang einer religiösen Oberhoheit zu. Die Kirche hat also praktisch einen Pakt mit dem Teufel geschlossen, d. h. mit dem bürgerlichen Staat. Es gibt nämlich keinen skandalöseren Widerspruch als den zwischen Religion und Bourgeoisie, denn letztere ist das genaue Gegenteil von Religion. Ihre Herrschaft ist damit im Grunde weit schlimmer, als die der Monarchen oder der feudalen Fürsten. Selbst der Faschismus – als regressive Form des Kapitalismus – war im Hinblick auf die Kirche objektiv weniger diabolisch als das demokratische Regime. Er war eine Gotteslästerung, doch vermochte er nicht, die Kirche in ihrem Innern auszuhöhlen, denn seine neue Ideologie war nichts als *Schein.* Er hat der Kirche nicht einmal eine Schramme beigebracht, während der heutige Neokapitalismus dabei ist, sie zu zerschlagen; und deshalb braucht man das Blasphemische am Konkordat nicht in seinem Abschluß in den dreißiger Jahren zu suchen, sondern muß es in seiner heutigen Wirklichkeit sehen. Die Akzeptierung des Faschismus war gewiß eine ungeheuerliche Sache; doch die Akzeptierung der bürgerlich-kapitalistischen Ordnung ist etwas Endgültiges; und der Zynismus, der daraus spricht, ist nicht nur einer von vielen Schandflecken in der Geschichte der Kirche, sondern ein historischer

Irrtum, den sie wahrscheinlich mit ihrem Untergang bezahlen wird. Sie hat mit allzu blindem Eifer an der Stabilisierung und Verewigung ihrer institutionellen Rolle gearbeitet, als daß sie hätte merken können, daß sich in der Bourgeoisie ein völlig neuer Geist verkörpert, der gewiß alles andere als der des Faschismus ist: ein neuer Geist, der zunächst in Konkurrenz zu dem der Religion trat (allerdings nicht zum Klerikalismus) und diesen schließlich ganz ersetzte, indem er den Menschen eine totale und alleinseligmachende Lebensanschauung vermittelte (was den Klerikalismus als Herrschaftsinstrument überflüssig machte).

Es stimmt zwar, was ich gesagt habe, daß auf die pathetischen Klagen des ›Osservatore‹ nach wie vor sofort die Maßnahmen von Justiz und Polizei folgen (soweit es sich um Fälle »klassischer« Opposition handelt), doch drückt sich darin einfach das Fortleben des Alten aus. Der Vatikan findet immer noch ein paar alte Getreue im Apparat der Staatsmacht; aber eben alte. Die Zukunft gehört jedoch weder den alten Kardinälen, noch den alten Politikern, weder den alten Richtern, noch den alten Polizisten. Die Zukunft gehört der jungen Bourgeoisie, die zur Erhaltung ihrer Macht nicht mehr auf die klassischen Instrumente angewiesen ist und die nicht mehr weiß, was sie mit der Kirche anfangen soll; mit einer Kirche, die inzwischen mehr oder weniger jener humanistischen Welt der Vergangenheit angehört, die ein Hindernis für die neue industrielle Revolution darstellt. Die neue bürgerliche Herrschaft braucht nämlich Konsumenten mit einer ausschließlich pragmatischen und hedonistischen Mentalität; denn der Zyklus von Produktion und Konsum vollzieht sich am reibungslosesten in einer technizistischen und rein irdischen Welt. Religion und vor allem die Kirche haben darin keinen Platz mehr. Der repressive Kampf, den der neue Kapitalismus immer noch mit Hilfe der Kirche führt, ist ein historisch überholter Kampf, der nach der bürgerlichen Logik dazu bestimmt ist, recht bald überwunden zu werden; was dann schließlich zur natürlichen Auflösung der Kirche führen wird.

Es scheint verrückt, ich sag's noch einmal, aber der Fall der »Jesus-Jeans« ist für all das symptomatisch. Diejenigen, die diese Jeans produziert und lanciert haben, indem sie für den erforderlichen Slogan auf eines der zehn Gebote zurückgriffen, zeigen – vielleicht aus einem gewissen Mangel an Schuldgefühl, d. h. mit der Bewußtlosigkeit derer, die sich bestimmte Probleme überhaupt nicht mehr stellen –, daß sie bereits die Grenzen unseres gegenwärtigen Lebens und unseres geistigen Horizonts überschritten haben.

Der Zynismus dieses Slogans drückt in seiner Geballtheit und seiner Unschuld etwas absolut Neues aus, auch wenn das vielleicht schon seit zehn Jahren langsam herausreifte. Mit lakonischer Selbstverständlichkeit beschreibt er ein Phänomen, das ganz plötzlich und unvermittelt in unser Bewußtsein dringt und dabei schon so abgeschlossen, so endgültig ist: Er sagt nichts anderes, als daß die neuen Industriellen und die neuen Techniker mittlerweile eine völlig weltliche Einstellung haben, eine Einstellung, die so weltlich ist, daß sie sich schon gar nicht mehr an der Religion mißt. Diese Art von Weltlichkeit ist ein »neuer Wert«, der auf einer Entwicklungsstufe der bürgerlichen Gesellschaft entstanden ist, wo die Religion als Autorität und Funktion von Herrschaft immer mehr verkümmert und bloß noch als altgewohntes Massen-Konsumgut und nach wie vor nützliche Folklore überlebt.

Dieser Slogan vermittelt jedoch nicht nur etwas Negatives, er drückt nicht nur die neue Art aus, in der die Kirche brutal auf das reduziert wird, was sie inzwischen auch tatsächlich ist; es steckt auch etwas Positives in ihm, und zwar die unverhoffte Möglichkeit, die Sprache des Slogans und damit vielleicht die Sprache der gesamten technologischen Welt ideologisch zu färben und damit expressiv werden zu lassen. Der blasphemische Geist dieses Slogans beschränkt sich nicht auf eine rein apodiktische Aussage, deren Expressivität in ihrer kommunikativen Zwecksetzung gefangen bleibt. Er ist mehr als bloß ein skrupellos-origineller Einfall (der auf das Modell des angelsächsischen »Jesus Christ Super-Star« zurückgeht), denn er läßt Deutungen zu, die zwangsläufig unendlich sind. Im Slogan überleben damit die ideologischen und ästhetischen Momente der Expressivität. Was bedeuten könnte, daß auch die Zukunft, die uns religiösen Humanisten als Stillstand und Tod erscheint, auf neue Art Geschichte sein wird; daß sich das Bedürfnis der Produktion nach einer rein kommunikativen Sprache nicht völlig reibungslos durchsetzen wird. Der »Jesus-Slogan« beschränkt sich nicht darauf, seine Jeans als unverzichtbares Konsumgut anzupreisen, er stellt sich vielmehr als – wenn auch unbewußter – Akt der Vergeltung dar, mit dem die Kirche für ihren Pakt mit dem Teufel bestraft wird. Der ›Osservatore‹ ist diesmal tatsächlich hilflos und machtlos: auch wenn es der sogleich christlich in Bewegung gesetzten Maschinerie von Justiz und Polizei vielleicht gelingen wird, das Plakat mit diesem Slogan von den Mauern und Wänden der Nation zu reißen, so hat er es doch mit einem Phänomen zu tun, das sich nicht mehr rückgängig machen läßt, auch wenn es vielleicht sehr verfrüht gekommen ist: in ihm steckt der Geist der zweiten industriellen Revolution und der damit verbundenen Mutation der Werte.

Vielleicht ist einigen meiner Leser das Foto von Papst Paul VI aufgefallen, wo er in vollem Sioux-Federschmuck inmitten einer Gruppe von »Rothäuten« in traditioneller Tracht posiert: ein ausgesprochen peinliches Folklore-Bildchen, das auch nicht dadurch besser wird, daß es da so richtig nett und zwanglos zugeht.

Ich weiß nicht, was Paul VI dazu gebracht hat, sich diesen Federschmuck auf den Kopf zu setzen und sich damit fotografieren zu lassen. Allerdings ist das gar nicht mal so inkonsequent. Im Gegenteil, am Beispiel dieses Fotos läßt sich ein ganz besonders konsequentes Verhalten erkennen, konsequent im Hinblick auf die – bewußte oder unbewußte – Ideologie, die hinter den Handlungen und Gesten eines Menschen steht und aus ihnen »Schicksal« oder »Geschichte« macht. In unserem Fall: »Schicksal« für Paul VI und »Geschichte« für die Kirche.

Ungefähr in derselben Zeit, in der sich Paul VI dieses Foto machen ließ, das man besser mit Schweigen übergeht (und zwar aus menschlichem Respekt – nicht, indem man scheinheilig darüber hinwegsieht), hat er eine Rede gehalten, die ich ohne zu zögern und mit der angemessenen Feierlichkeit als historisch bezeichnen würde. Und dabei denke ich nicht nur an die jüngere und schon gar nicht an die ganz aktuelle Geschichte. Schließlich hat diese Rede Pauls VI ja nicht einmal – wie es so schön heißt – Schlagzeilen gemacht: ich habe darüber in den Zeitungen lediglich lakonische und unbeteiligte Kurzmitteilungen in der untersten Ecke gefunden.

Wenn ich sage, daß diese Rede von historischer Bedeutung ist, dann beziehe ich mich dabei auf die gesamte Geschichte der katholischen Kirche und folglich auf die Geschichte der Menschheit überhaupt (wenigstens, soweit sie ihr kulturelles Zentrum in Europa hat). Paul VI hat nämlich explizit zugegeben, daß die Kirche von der Entwicklung in der Welt überholt worden ist; daß ihre gesellschaftliche Rolle sich mit einem Mal als fragwürdig, ja überflüssig erweist; daß die wirklichen Herrschaftszentren sie nicht mehr gebrauchen können und sie deshalb einfach fallen lassen; daß die sozialen Probleme heute innerhalb einer

Gesellschaft gelöst werden, in der die Kirche kein Prestige mehr genießt; daß es das Problem der »Armen« – einst das Hauptproblem der Kirche – inzwischen nicht mehr gibt, usw. usw. Ich habe die Ausführungen Pauls VI mit eigenen Worten zusammengefaßt, d. h. mit den Worten, die ich schon seit langem gebrauche, um diese Dinge zu sagen. Doch inhaltlich hat er genau das gesagt, was ich hier wiedergegeben habe; und alles in allem sind nicht einmal die Worte sehr verschieden.

Im Grunde ist das nicht das erste Mal, daß Paul VI aufrichtig ist: nur daß sich bisher seine Anwandlungen von Aufrichtigkeit stets auf recht ungewöhnliche, rätselhafte und oft auch – vom Standpunkt der Kirche her – inopportune Weise äußerten. Sie waren wie Anfälle, in denen seine wahre Gemütsverfassung zum Vorschein kam und damit auch die objektive historische Verfassung der in ihrem Oberhaupt verkörperten Kirche. Die »historischen« Enzykliken Pauls VI waren im übrigen stets Resultat eines Kompromisses zwischen den Sorgen und Ängsten des Papstes und der Diplomatie des Vatikans; ein Kompromiß, aus dem nie klar wurde, ob diese Enzykliken nun einen Fortschritt oder einen Rückschritt gegenüber denen von Johannes XXIII bedeuteten. Ein aus seinem Innersten heraus impulsiver und aufrichtiger Papst wie Paul VI war so unfreiwillig zu einer von Grund auf zwiespältigen und unaufrichtigen Figur geworden. Doch unverhofft ist nun mit einem Mal seine ganze Aufrichtigkeit durchgebrochen, und das in einer fast schon skandalösen Offenheit. Aber wie kam es dazu, und warum?

Die Antwort ist recht einfach: zum ersten Mal hat Paul VI das getan, was Johannes XXIII normalerweise tat, d. h. er hat die Situation der Kirche in einer unkirchlichen Logik, im Rahmen einer unkirchlichen Kultur und unter unkirchlichen Fragestellungen deutlich gemacht; ja mehr noch: in einer der Kirche völlig fremden Weise, in einem weltlichen, rationalistischen, beinahe sozialistischen Geist (wobei letzterer allerdings soziologisch reduziert und abgestumpft ist).

Ein flüchtiger Blick auf die Kirche »von außen« hat Paul VI genügt, um sich über deren reale historische Verfassung klar zu werden; eine historische Verfassung, die dann »von innen« erlebt sich als tragisch herausstellen mußte.

Und genau an diesem Punkt ist die Aufrichtigkeit Pauls VI

durchgebrochen, und diesmal ganz ungeschminkt. Statt dem alten Muster des Kompromisses, der Staatsräson und der Heuchelei (auch in der Form, wie sie sich nach Johannes XXIII eingebürgert hatte), ist er diesmal mit seinen offenen Worten der Logik der Realität gefolgt. Die Eingeständnisse, zu denen er so gelangt ist, sind deshalb historische Eingeständnisse – in dem feierlichen Sinn, von dem ich oben gesprochen hatte; denn in ihnen zeichnet sich das Ende der Kirche ab, oder jedenfalls das Ende einer Rolle, die sie zweitausend Jahre ununterbrochen inne hatte.

Ganz gewiß wird Paul VI auch wieder (ohne es zu merken) zur Unaufrichtigkeit zurückkehren – vielleicht aufgrund der Illusionen, die das Heilige Jahr zwangsläufig mit sich bringen wird. Seine Rede vom Ende dieses Sommers in Castelgandolfo wird bald schon völlig vergessen sein und die Kirche wird neue, beruhigende Dämme gegen den drohenden Verlust von Prestige und Hoffnung errichten, usw. usw. Aber wie man weiß, ist die einmal ausgesprochene Wahrheit nicht wieder aus der Welt zu schaffen; und aus der so entstandenen historisch neuen Situation gibt es keinen Weg zurück.

Doch abgesehen davon, daß sich der Papst angesichts der ganzen praktischen Einzelfragen (z. B., daß niemand mehr sich zum Priesteramt berufen fühlt) unfähig gezeigt hat, auch nur minimalste Lösungsvorschläge anzugeben, wird er da, wo er die dramatische Situation der Kirche anspricht, völlig irrational (und damit noch einmal, auf neue Weise aufrichtig). Als Lösung schlägt er nämlich vor, zu beten. Das heißt, nachdem er die Situation der Kirche zunächst »von außen her« analysiert hat und spürt, daß sie ausgesprochen tragisch ist, gibt er schließlich eine Lösung an, die »von innen her« formuliert ist. Zwischen der Art, wie er an das Problem herangeht, und der Art, wie er es löst, besteht deshalb nicht nur ein historisch unlogisches Verhältnis, vielmehr handelt es sich dabei um zwei völlig verschiedene Ebenen. Abgesehen davon, daß die Kirche von der Welt überholt worden ist (und zwar noch totaler und endgültiger, als das im Ergebnis des Referendums zum Ausdruck kam), ist offensichtlich, daß diese Welt nicht mehr betet. Der Kirche bleibt also nichts anderes, als für sich selbst zu beten.

So kommt es schließlich, daß Paul VI zwar die drohende Gefahr eines Untergangs der Kirche sieht und sie in dramatischer und skandalöser Offenheit ausspricht, dabei jedoch nicht imstande ist, irgendeinen Weg aufzuzeigen, wie der Gefahr zu begegnen sei.

Aber vielleicht gibt es ja gar keine Lösung? Vielleicht ist das Ende der Kirche schon besiegelt durch den »Verrat« von Abermillionen von Gläubigen (vor allem Bauern, die sich zur Weltlichkeit und zum konsumistischen Hedonismus bekehrt haben) und besiegelt durch den »Beschluß« der Herrschenden, die inzwischen sicher sind, unter den Bedingungen des Wohlstands und einer den Massen verordneten Ideologie – die es nicht einmal nötig hat, als solche aufzutreten – diese Exgläubigen fest im Griff zu haben.

Kann sein. Doch eins ist sicher: die Kirche hat zwar in der langen Geschichte ihres Regimes viele und schwerwiegende Fehler begangen, doch den schwersten von allen, den würde sie dann begehen, wenn sie *passiv* zusähe, wie sie von einer Macht liquidiert wird, die mit dem Evangelium ihren Spott treibt. Im Rahmen einer radikalen, vielleicht utopischen oder – hier muß man's wirklich sagen – auf die Endzeit ausgerichteten Perspektive ist deshalb klar, was die Kirche tun müßte, um ein ruhmloses Ende zu vermeiden. Sie müßte *in die Opposition gehen.* Und um in die Opposition gehen zu können, müßte sie zunächst einmal sich selbst verleugnen. Sie müßte in die Opposition gehen gegen jene weltliche Macht, die sie so zynisch hat fallen lassen und die dabei ist, sie kurzerhand auf reine Folklore zu reduzieren. Sie müßte sich selbst verleugnen, um ihre Gläubigen zurückzugewinnen (oder diejenigen, die ein »neues« Bedürfnis nach Glauben haben), die ihr eben deshalb untreu geworden sind, weil sie so ist, wie sie ist.

In einem solchen Kampf, der im übrigen auf eine lange Tradition zurückblicken kann (der Kampf des Papsttums gegen das weltliche Imperium), könnte die Kirche die Führung übernehmen, eine gewaltige, doch nicht autoritäre und vor allem nicht nach der Eroberung der Macht strebende Führung. Sie könnte – und das sage ich als Marxist – all diejenigen Kräfte zusammenfassen, die sich der neuen Herrschaft des Konsums nicht beugen wollen, einer Herrschaft, die vollkommen irreligiös, totalitär, gewalttätig, scheintolerant – oder besser: repressiver denn je, korrupt und entwürdigend ist (die Marx'sche Bemerkung, daß das Kapital die menschliche Würde zum Tauschwert macht, war nie so aktuell wie heute). Für diese Verweigerung könnte die Kirche zum Symbol werden, indem sie zu ihren Ursprüngen, zur Opposition und zur Revolte zurückkehrt. Entweder sie entscheidet sich hierfür oder sie muß eine Macht akzeptieren, die von ihr gar nichts mehr wissen will – was dann ihr Selbstmord wäre.

Ich will ein Beispiel anführen, auch wenn das scheinbar die Problematik verkürzt. Eines der mächtigsten Instrumente der neuen Herrschaft ist das Fernsehen. Das hat sich die Kirche immer noch nicht richtig klargemacht. Im Gegenteil, mit geradezu peinlicher Naivität hat sie geglaubt, *sie* hätte dieses Machtinstrument in der Hand. Denn tatsächlich ging ja auch die Zensur im Fernsehen stets vom Vatikan aus, da gibt es keinen Zweifel. Darüber hinaus machte das Fernsehen sogar ständig Reklame für die Kirche. Doch machte es für sie eben eine Reklame, die etwas ganz anderes war, als die der Warenwerbung; und außerdem und vor allem entwickelte das Fernsehen das neue Leitbild des Konsumenten.

Die Reklame für die Kirche war in ihrer Art veraltet, sie war ineffektiv und rein verbal; sie war viel zu explizit, viel zu plump und offen. Eine rechte Stümperei gegenüber der nichtverbalen und wunderbar sanften Reklame, mit der für die Konsumgüter und für die konsumistische Ideologie mit ihrem völlig irreligiösen Hedonismus geworben wird (von wegen Opfer!, von wegen Glauben!, von wegen Enthaltsamkeit!, von wegen Selbstlosigkeit!, von wegen Sparsamkeit!, von wegen Sittenstrenge!, usw. usw.). Niemand anderem als dem Fernsehen kommt letzten Endes das Verdienst zu, über einen Prozeß der – wenn auch schwachsinnigen – Verweltlichung der Bürger den Sieg des »Nein« beim Referendum ermöglicht zu haben. Und dieses »Nein« beim Referendum hat lediglich einen schwachen Eindruck davon vermittelt, wie sehr die italienische Gesellschaft sich verändert hat, und zwar genau in dem Sinne, wie Paul VI das in seiner historischen Rede von Castelgandolfo beschrieben hat.

Aber wie ist es möglich, daß die Kirche weiterhin dieses Fernsehen akzeptiert? Ein Instrument der Massenkultur in den Händen derer, die »nicht mehr wissen, was sie mit der Kirche anfangen sollen«? Müßte sie nicht vielmehr zum offenen Angriff übergehen und mit paulinischer Wut seine *wahre Irreligiosität* attakkieren, die zynisch durch einen hohlen Klerikalismus verschleiert wird?

Statt dessen kündigt sich – wie zu erwarten – ein riesiges Fernsehspektakel zur Eröffnung des Heiligen Jahres an. Doch seine geistlichen Veranstalter brauchen sich nichts vorzumachen: diese prunkvoll fernsehübertragenen Feierlichkeiten werden nichts als gigantisch-hohle Folklore-Veranstaltungen sein, die inzwischen selbst für die hinterwäldlerischste Rechte politisch sinnlos geworden sind.

Ich habe das Beispiel des Fernsehens genommen, weil es das spektakulärste und makroskopischste von allen ist. Doch könnte ich tausend andere Beispiele aus dem Alltagsleben von Millionen von Bürgern herausgreifen: angefangen bei der Rolle des Priesters in einer total zerfallenen bäuerlichen Welt, bis zur Revolte der fortgeschrittensten und ketzerischsten geistlichen Eliten.

Der Kirche bleibt heute nur noch eine Wahl: entweder sie setzt sich die makabre Maske eines Folklore-Papstes auf, der mit der Tragödie »spielt«, oder sie macht sich den tragischen Ernst eines Papstes zu eigen, der verwegen ihr Ende ankündigt.

Neue historische Perspektiven: die Kirche wird von den Herrschenden nicht mehr gebraucht

Unter Bezugnahme auf meinen Artikel über die aktuelle und reale Lage der Kirche (›Corriere della Sera‹ vom 22. Sept. 1974) schreibt der ›Osservatore Romano‹ in einer heftigen Entgegnung unter anderem: »Wir wissen nicht, woher der Obengenannte solche Autorität bezieht, wenn nicht aus einigen Filmen von rätselhafter und abstoßender Dekadenz, aus seinen Beiträgen zu einer zersetzenden Literatur und aus einem einigermaßen exzentrischen Lebenswandel.«

Beschränken wir uns darauf, diesen altmodischen Satz zu betrachten, der den ganzen »Geist« (im Sinn von »Kultur«) dieses klerikalen Artikels verrät. Als erstes fällt einem dabei eine Vorstellung auf, die jedem normalen Menschen völlig abwegig vorkommen muß: nämlich die Vorstellung, daß man, um etwas zu schreiben, »Autorität« haben müsse. Es ist mir wirklich unbegreiflich, wie einem so etwas in den Kopf kommen kann. Ich habe stets – wie jeder normale Mensch – gedacht, daß hinter dem, der schreibt, die Notwendigkeit zum Schreiben, Freiheit, Authentizität und Risiko stehen. Die Vorstellung, es müsse etwas Gesellschaftliches und Offizielles geben, das die Autorität einer Person »bescheinigt«, ist – wie gesagt – total abwegig und geht offensichtlich auf die geistige Deformation derer zurück, die sich keine Wahrheit vorstellen können, die nicht auf Autorität beruht.

Ich habe keinerlei Autorität, auf die ich mich stützen könnte; außer der, die mir paradoxerweise dadurch zufällt, daß ich sie nie hatte und nie wollte; daß ich mich in eine Lage versetzt habe, wo es nichts zu verlieren gibt und wo ich deshalb auch keinem Pakt treu bleiben muß, als dem mit einem Leser, von dem ich im übrigen meine, daß er jedes noch so skandalöse Bemühen um Erkenntnis verdient hat.

Doch unterstellen wir mal ganz hypothetisch, daß ich so etwas wie »Autorität« besitze; ohne sie gewollt zu haben, versteht sich; d. h. eine Autorität, die mir objektiv innerhalb der kulturellen Welt und des öffentlichen Lebens in Italien zuerkannt wird.

In diesem Fall ist die Bemerkung aus dem Vatikan noch

schwerwiegender. Denn sie greift damit nicht nur die kulturellen Kreise an, innerhalb derer ich als Schriftsteller arbeite, sondern praktisch auch die Hunderttausende und in einigen Fällen Millionen »einfacher« Italiener, die über den Erfolg meiner Filme urteilen. Mit anderen Worten: die Kritiker, die meine Arbeiten rezensieren, sind verantwortungslose Gesellen, und die Leute, die sich meine Filme ansehen, sind Idioten. Denn schließlich gehört das ja alles zum »Kultursumpf«. Es gehört zum »Kultursumpf«, weil es nicht klerikal-faschistisch ist. Wenn der ›Osservatore Romano‹ schreibt, daß ein Film »von rätselhafter und abstoßender Dekadenz« ist, dann sind das Worte, die genau den Geist jener Subkultur atmen, die im Namen des »gesunden Volksempfindens« »dekadente« Bücher und Bilder verbrannte. Auch die »zersetzende Literatur« ist einer der typischen Begriffe, die man vor etwa dreißig Jahren gebrauchte; ein Begriff, der einen Gegensatz herstellt zur hypothetischen Gesundheit und Unversehrtheit der offiziellen Kultur, die sich auf Autorität und Herrschaft gründet. Mit der Bemerkung über meinen »exzentrischen Lebenswandel« sind wir schließlich bei der persönlichen Anspielung. Doch hierauf werde ich überhaupt nichts antworten. Im übrigen hat auch Christus nie verlangt, daß ihm das »schwarze (oder ›verlorene‹) Schaf« eine Antwort gibt.

Die Geschichte der Kirche ist die Geschichte ihrer Macht und ihrer Verbrechen; was jedoch schlimmer ist: sie war in den letzten Jahrhunderten auch die Geschichte ihrer Ignoranz. Wenn man z. B. heute weiterhin vom heiligen Thomas von Aquin spricht und dabei die liberale, rationalistische und weltliche Kultur ignoriert und außerdem vom marxistischen Denken in der Politik und dem Freud'schen Denken in der Psychologie nichts wissen will, dann drückt sich darin eine eindeutig subkulturelle Haltung aus. Die Ignoranz der Kirche war in den letzten beiden Jahrhunderten beispielhaft, vor allem für Italien. Sie war das Muster für die plump-reaktionäre Ignoranz der italienischen Bourgeoisie. Kulturell gesehen ist sie nämlich nichts als eine perfekte Koexistenz von Irrationalismus, Formalismus und Pragmatismus. So spricht zum Beispiel aus dem riesigen Berg von Urteilen der Sacra Rota einerseits die spiritualistische und formalistische Willkür und andererseits der düstere Pragmatismus (der nicht mehr weit von einem fanatischen Behaviorism entfernt ist), mit denen die Kirche die weltlichen Angelegenheiten betrachtet.

Die Neuerungen, die Teile des Klerus und selbst Teile des Vatikans hier und da versucht und manchmal auch durchgesetzt haben, können das, was ich gesagt habe, nur bestätigen. Denn es handelt sich dabei um technische Neuerungen, die aus der Soziologie kommen. Wieder einmal hat man sich über die reale Kultur hinweggesetzt. Und wieder einmal sind es die Herrschaftsinstrumente, die als wesentlich und entscheidend betrachtet werden.

Wahrscheinlich war diese besondere Kultur des Vatikans, d. h. der Mangel an wirklicher Kultur daran schuld, daß der Redakteur des ›Osservatore Romano‹ nicht verstanden hat, was ich über die Krise der Kirche geschrieben habe. Das war nämlich alles andere als ein Angriff; es war eher so etwas wie ein Akt der Solidarität, einer gewiß äußerst ungewöhnlichen und vielleicht verfrühten Solidarität, die einfach aus dem Gefühl heraus kam, daß die Kirche – endlich – am Ende und damit frei von sich selbst, d. h. von den Interessen der Herrschaft ist.

In einem Artikel, der in der ›Stampa‹ (vom 29. Sept. 1974) erschienen ist, spricht Mario Soldati von dem »Gelächter« eines Jesuiten auf die Frage, ob er ein Auto habe. Aus diesem »Gelächter« hört Soldati zunächst einen vordergründigen Ton heraus, der etwas rein Praktisches und Traditionalistisches ausdrückt (»Nein, ich hab' kein Auto; das sind heut' nicht mehr die Zeiten, wo die Jesuiten noch Autos hatten.«). Doch ganz im Hintergrund, im eigentlichen Grund dieses »Gelächters« hört Soldati eine ehrliche, begeisterte und unwiderstehliche Freude. Die Freude darüber, daß sich endlich das Verhältnis der Kirche zur Welt umgekehrt und neu bestimmt hat. Die Freude über die Niederlage. Die Freude über die Möglichkeit eines neuen Anfangs. »Die Befreiung von der Macht.«

Aus dem Klagelied Pauls VI (ich meine die historische Rede in Castelgandolfo) habe ich genau dasselbe herausgehört: aus dem Vordergrund klangen Töne des »wohlverdienten« Schmerzes und der Enttäuschung über den drohenden Untergang eines grandiosen Machtapparats; und dann war da ein mehr unterschwelliger Ton, der einen echten und tiefempfundenen, d. h. religiösen Schmerz ausdrückte, in dem die Chancen der Zukunft aufleuchteten.

Aber worin bestehen diese Chancen der Zukunft?

Zunächst einmal in der radikalen Trennung von Kirche und Staat. Ich habe mich schon immer gewundert und eigentlich regelrecht empört über die klerikale Interpretation jenes Satzes, in dem Christus sagt: »Gib dem Kaiser, was des Kaisers ist und Gott, was Gottes ist«: eine Interpretation, in der die ganze Heuchelei und die Verirrungen konzentriert sind, die für die Kirche der Gegenreformation kennzeichnend waren. Das heißt, man hat – so ungeheuerlich das auch scheint – diesen offensichtlich radikalen, extremistischen, durch und durch religiösen Satz als gemäßigte und zynisch-realistische Bemerkung hingestellt. Es ist nämlich völlig undenkbar, daß Christus sagen wollte: »Mach es möglichst jedem recht, geh' politischen Scherereien aus dem Weg, versuch' das Praktische des gesellschaftlichen Daseins mit dem Absoluten des religiösen Lebens zu verbinden, sieh zu, daß du stets zwei Fliegen mit einer Klappe schlägst«, usw. Vielmehr kann er damit – in konsequenter Übereinstimmung mit seiner Lehre – nur folgendes gemeint haben: »Unterscheide ganz scharf zwischen Kaiser und Gott; gib acht, daß du sie nicht miteinander verwechselst; komm mir nur nicht mit der Ausrede, du könntest Gott besser dienen, wenn du sie gleichgültig koexistieren läßt; ›du sollst sie nicht miteinander versöhnen‹: denk daran, daß mein ›und‹ disjunktiv gemeint ist, deshalb schaffe zwei voneinander geschiedene oder jedenfalls gegensätzliche Welten, kurz (und noch einmal:) zwei ›unversöhnliche‹ Welten.« Mit dieser radikalen Dichotomie ruft Christus zur ewigen Opposition gegen den Kaiser auf, auch wenn er dabei wohl einen gewaltlosen Kampf im Sinn hat (im Gegensatz zu dem der Zeloten).

Die zweite Neuigkeit, die sich für die Zukunft der Religion ankündigt, ist folgende: bis auf den heutigen Tag hatte die Kirche ihren eigentlichen Platz in einer bäuerlichen Welt, die dem Christentum das einzig Spezifische nahm, das es von allen anderen Religionen unterscheidet: nämlich Christus. In der bäuerlichen Welt wurde Christus zu einem der tausend Götter vom Schlage eines Adonis oder einer Proserpina, die bereits da waren und die keine reale Zeit, d. h. keine Geschichte kannten. Die Zeit jener bäuerlichen Götter war eine »heilige« und »liturgische« Zeit, deren Sinn in ihrem zyklischen Ablauf, ihrer ewigen Wiederkehr lag.

Die Zeit ihrer Geburt, ihres Wirkens, ihres Todes, ihres Abstiegs in die Unterwelt und ihrer Wiederauferstehung war eine paradigmatische Zeit, die periodisch die Zeit des irdischen Lebens bestimmte und von dieser wieder zur Gegenwart gemacht wurde.

Christus dagegen hat sich für die »unilineare« Zeit entschieden, d. h. für das, was wir Geschichte nennen. Er durchbrach die zyklische Struktur der alten Religionen und sprach von einem »Ende«, nicht von »Wiederkehr«. Dennoch, so wiederhole ich, ist Christus in der bäuerlichen Welt zwei Jahrtausende lang stets den überkommenen mythischen Vorbildern angepaßt worden: er wurde zur Verkörperung eines feststehenden Prinzips, das dem Zyklus der Kulturen einen Sinn verlieh. Seine eigentliche Lehre hatte dabei nur untergeordnete Bedeutung. Jahrhundertelang haben nur die wirklich religiösen Eliten der herrschenden Klasse verstanden, was Christus eigentlich sagen wollte. Doch die Kirche hat als offizielle Kirche das Mißverständnis stets akzeptiert; denn ohne die bäuerlichen Massen wäre ihre Existenzgrundlage weggefallen.

Heute jedoch ist die Religion mit einem Schlage aus den ländlichen Gebieten verschwunden. Dafür werden auf einmal die Städte religiös. Das bäuerliche Christentum verstädtert; und das Kennzeichen aller städtischen Religionen – und damit der Eliten der herrschenden Klassen – ist die (christliche) Ersetzung der Wiederkehr durch das Ende, die Verdrängung der bäuerlichen Frömmigkeit durch den heilverkündenden Mystizismus. Eine städtische Religion ist deshalb von ihrem Schema her viel offener für das Modell eines Christus, als jede bäuerliche Religion.

Der Konsumismus und die zunehmende Ausbreitung des tertiären Sektors haben in Italien die ländlichen Gebiete zerstört und sind dabei, sie in der ganzen Welt zu zerstören (auch die Landwirtschaft hat eine industrielle Zukunft); es wird dort also keine Priester mehr geben, und wenn es sie gibt, dann werden sie ideell in der Stadt geboren sein. Diese »in der Stadt geborenen« Priester werden jedoch gewiß nicht die geringste Lust haben, sich auf eine Stufe mit Polizisten und Soldaten, mit Bürokraten oder Industriellen zu stellen: sie werden nämlich zwangsläufig gebildete Männer sein, die in einer Welt aufgewachsen sind, die nicht mehr bei Adonis und Proserpina Zuflucht sucht, sondern sich auf die großen Bücher der modernen Kultur stützt. Wenn die Kirche als Kirche überleben will, dann bleibt ihr nichts übrig, als ihrer Macht zu entsagen und sich jener – von ihr stets gehaßten – Kultur zuzuwenden, die von ihrem Wesen her freiheitlich, nichtautoritär, widersprüchlich, skandalös und in ständiger Entwicklung ist.

Und schließlich: wer sagt denn, daß die Kirche im Vatikan verkörpert sein muß? Wenn der Papst die ganze riesige (folkloristische) Szenerie des derzeitigen Sitzes des Vatikans dem Staat übereignen würde und den ganzen (folkloristischen) Plunder an Roben und Gewändern, an Fächern und Sänften den Arbeitern von Cinecittà schenkte und dann mit seinen Mitarbeitern im einfachen Priesterrock in irgendeine Soutterain-Wohnung in Tormarancio oder Tuscolano, unweit der Katakomben des heiligen Damianus oder der heiligen Priszilla umzöge – würde dann die Kirche etwa aufhören, Kirche zu sein?

Die Kirche, der Penis und die Vagina

Die Kirche kann gar nicht anders als reaktionär sein; die Kirche kann gar nicht anders, als auf der Seite der Herrschenden zu stehen; die Kirche kann gar nicht anders, als die autoritären und formalen Spielregeln des gesellschaftlichen Zusammenlebens zu akzeptieren; die Kirche kann gar nicht anders, als die hierarchischen Gesellschaften zu billigen, in denen die herrschende Klasse für Ordnung sorgt; die Kirche kann gar nicht anders, als selbst noch die schüchternsten Formen unabhängigen Denkens zu verabscheuen; die Kirche kann gar nicht anders, als gegen jegliche antirepressive Neuerung zu sein (was nicht heißt, daß sie nicht bestimmte, von oben herab programmierte Formen der Toleranz akzeptieren könnte: die wird tatsächlich seit Jahrhunderten völlig unideologisch nach dem Gebot einer abgesonderten »Caritas« – ich wiederhole: unideologisch – vom Glauben praktiziert); die Kirche kann gar nicht anders, als völlig abseits der Lehre des Evangeliums zu handeln; die Kirche kann gar nicht anders, als sich in ihren praktischen Entscheidungen nur noch formal auf Gott zu berufen und manchmal vielleicht auch das noch zu vergessen; die Kirche kann gar nicht anders, als rein verbal zur Hoffnung aufzurufen, denn ihre Erfahrungen mit den Menschen und ihren Verhältnissen haben ihr jede Art von Hoffnung geraubt; die Kirche kann gar nicht anders (und jetzt kommen wir zu aktuelleren Themen), als ihr Konkordat mit dem Faschismus für ewig gültig und verbindlich zu halten. All das geht aus knapp zwei Dutzend »typischer« Urteilsentscheidungen der Sacra Rota hervor, die in den 55 Bänden der ›Sacrae Romanae Rotae Decisiones‹ gesammelt sind und in den Jahren 1912 bis 1972 von der Libreria Poliglotta Vaticana herausgegeben wurden.

Man braucht sich zwar gewiß nicht erst diese Blütenlese zu Gemüte zu führen, um das zu wissen, was ich hier mit knappen Worten zusammengefaßt habe; doch die konkrete Bestätigung – in diesem Fall die unfreiwillige »Lebendigkeit« der Dokumente – frischt alte Überzeugungen wieder auf, die andernfalls zu verblassen drohen. Liest man nun diese »Urteile« unter einem literarischen Aspekt, so wird deutlich, welch beachtliche Rolle hier das materielle Interesse spielt (wie Giorgio Zampa im Vorwort zu dem Buch bemerkt). Sie erinnern mit der Penetranz ihrer objektiv gemeinsamen Logik an eine ganze Reihe von Romansituationen: Balzac (»Émile Raulier hatte beschlossen, sich mit Joseph Zwingelstein zusammenzutun, doch fehlte ihm das dazu nötige Kapital...«, »Wenn Papa Planchut mir die Summe gäbe...«), Bernanos oder Piovene (»Frida hatte bereits als kleines Mädchen beide Eltern verloren, und so wurde sie zum Großvater gebracht, der ihr wie ein Vater war und sie bei den Nonnen von N. N. die Schule besuchen ließ, bis sie fünfzehn Jahre alt war...«), Sologub (»Sie war sehr reich, und so war sie kaum ins heiratsfähige Alter gekommen, als auch schon viele Männer, von denen manch einer aus alter Adelsfamilie stammte, beim Großvater um ihre Hand anhielten...«), Puschkin (»Den Bauern gingen vor Staunen die Augen über, als sie von weitem den festlichen Prunk sahen, mit dem gegen Mitternacht in der Privatkapelle des Gutshofes die Hochzeit zwischen Maria und dem Leutnant Michael gefeiert wurde; es war der 8. Juni 1919...«), Pirandello, Brancati und Sciascia (»Der 28jährige, fromm katholisch erzogene Giovanni übte auf die acht Jahre jüngere Renata, die in einem von liberalen Grundsätzen bestimmten Milieu aufgewachsen war, eine solche Faszination aus, daß sie sich augenblicklich in ihn verliebte...«, »Um ihre wilde Leidenschaft zu stillen, ging sie schließlich mit ihm die Ehe ein; etwas anderes war nicht möglich, denn – wenigstens nach außen hin – war er praktizierender Katholik.«).

Ich gestehe, daß ich dieses Buch als Romanschreiber oder vielleicht auch als Regisseur gelesen habe. Es bietet eine Kasuistik, die einem nicht alle Tage unter die Augen kommt. Empört war ich allerdings (bei solch professioneller Lektüre) über das Bild der Kirche, wie es aus diesem Buch hervorscheint. Zum ersten Mal wird hier deutlich, daß sie sich von der Lehre des Evangeliums auch formal gänzlich losgelöst hat. Keine Seite, keine Zeile, kein Wort, das irgendwie – und wenn auch nur durch ein wohlklingendes oder zur Erbauung gedachtes Zitat – das Evangelium erwähnt. Christus ist hier ein toter Buchstabe. Von Gott ist die Rede, das stimmt: aber nur in einer Beschwörungsformel (»niemand als Gott vor Augen, unter Anrufung des Namens Christi...«), viel mehr nicht, und wenn, dann stets mit einer zähfließenden liturgischen Feierlichkeit, in der sich diese »Entscheidungen« in nichts von einem pharaonischen Priestertext oder einem Urteilsspruch nach dem Koran unterscheiden. Eine schlichte Bezugnahme auf die Autoritäten, die rein nominell bleibt. Gott geht nirgendwo in die Überlegungen selbst ein, aufgrund derer die »Auditoren« eine Ehe aufheben oder bestätigen, und so auch nicht in das Urteil, das sich an die Scheidungswilligen richtet und an die Unzahl der Zeugen und Verwandten, die deren Leben bevölkern. Die Richter haben nur ihren Kodex in der Hand, und dagegen läßt sich nichts sagen. Man kann das damit rechtfertigen, daß dieser Kodex etwas ganz Spezifisches und Sachbezogenes ist. Er wird nur nie im christlichen Sinne gelesen und angewandt; was zählt, das sind seine Normen, rein praktische Normen, die solch absolute Begriffe wie z. B. »Sakrament« in unzweideutige und verkürzte Termini übersetzen.

Daraus folgt eine logische Plattheit, die der übelsten Bourbonen-Justiz würdig gewesen wäre (wenn man einmal absieht von der glühenden Leidenschaft und der – wenn auch formalen – Liebe zum Recht, die man bei den Gerichten im Süden antreffen konnte). Wobei die Kirche in ihrer entsetzlichen Trostlosigkeit auf noch weit finsterere Art bar jeder Form von »menschlicher Wärme« ist, als die Bourbonen. Den Menschen scheint in den Augen der Rota-Richter nicht nur jegliche Neigung zum Guten, sondern – schlimmer noch – auch jede Vitalität im Begehen des Bösen (oder des Nichtguten) zu fehlen. Sie haben nichts Neues mehr zu bieten, denn es ist, als wären sie schon von jeher in all ihren Schwächen bekannt. Ihr verzweifelter Wunsch, vom Leben das bißchen zu kriegen, was es sich abjagen läßt, und sei's durch Lügen, Heuchelei, Kalkül, Unaufrichtigkeit usw. (das ganze Arsenal der Dinge, die letztlich die Menschen zu Brüdern machen), das alles ist für diese Richter weder Anlaß zum Nachdenken noch zur Anteilnahme und nicht einmal zur Empörung. Die wenigen empörten Töne, die sich in diesen Urteilen finden, sind ideologischer Natur: d. h., ihre Zielscheibe ist die antiklerikale und liberale Kultur und natürlich erst recht die sozialistische Kultur. Gegen den Faschismus werden verurteilende Worte gesprochen: doch ist das die Verurteilung, die sich unterschiedslos gegen sämtliche menschlichen Schwächen und Sünden richtet. Faschismus und menschliche Schwächen gehören eins wie das andere in eine Realität, die sich auf die institutionellen Mächte gründet und die – wie es scheint – die einzige ist, die von der Kirche anerkannt wird. Im übrigen scheinen diese Richter nie auch nur die geringste Gefühlsregung zu haben, nicht einmal eine Anwandlung von Sympathie oder Billigung. Die einzigen Fälle, wo dies doch vorkommt, machen sich auch hier wieder an rein formalen Dingen fest. So werden z. B. diejenigen mit Sympathie und Anerkennung gesehen, die in ihrem gesellschaftlichen Leben als »katholisch und strenggläubig« angesehen sind. Hier kennen die Richter der Rota keine Zurückhaltung mehr: sie sind zu jeder Art von Verdrängung bereit und verstricken sich in alle denkbaren Widersprüche, ohne daß dabei noch etwas von ihrer jesuitischen Kasuistik übrig bliebe (die doch ihr oberstes Denkmodell zu sein scheint). Zum Beispiel: eine junge Frau ist impotent aufgrund einer hysterisch bedingten Vaginal-Kontraktion. Die Richter wissen das – und sie berücksichtigen es auch! Doch es kommt ihnen nicht im entferntesten in den Sinn, diese unglaubliche Form von Hysterie mit der streng katholischen Erziehung in Verbindung zu bringen, die diesem Mädchen in einer Klosterschule erteilt worden war (und für die sie Worte uneingeschränkten Lobes finden). Auf der anderen Seite, in einem Fall der Ehenichtigkeit wegen Impotenz diesmal des Mannes, ersparen sie jenem armen Teufel auch nicht eine der furchtbarsten Verurteilungen, mit denen man einen Impotenten abstempelt, verstößt und lyncht, falls seine Impotenz auf Homosexualität beruht. Sie scheinen bloß noch darauf zu warten, ihn irgendeinem Henker ausliefern zu können, der ihn in ein Lager sperrt, wo er dann irgendwann in einem Krematorium oder einer Gaskammer eliminiert wird.

Sie haben jedenfalls nicht nachgeforscht, ob vielleicht auch er eine Klosterschule besucht hatte (mit all der dazugehörigen sexuellen Repression), sie haben sich nicht gefragt, ob sein Versuch zur Ehe nicht vielleicht den Zweck hatte, bei der Nachbarschaft um Anerkennung seiner Ehrbarkeit und Normalität zu betteln, oder ob das gar die verzweifelte Suche nach einer Mutterbeziehung war.

Und ebensowenig hat sich jemand die Frage gestellt, ob er möglicherweise aus materiellen Interessen, aus Berechnung geheiratet hatte (um sich Rückendeckung zu verschaffen und dabei aushalten zu lassen – der Ärmste): nein. Das einzige, was diese

Richter interessiert, das ist die schlichte Tatsache seiner gesellschaftlichen Schande, des Fluchs, der auf ihm lastet und der ihm den Platz verweigert in einer Gesellschaft, in der menschlichen Schwächen, Sünden und Faschismus eine objektive Existenzmöglichkeit zugestanden wird. Was bei der Lektüre dieser heiligen Urteilssprüche jedoch am meisten betroffen macht (und empört), ist die Degeneration der Nächstenliebe. Ich habe bereits davon gesprochen, daß die Verfasser dieser Texte sich *nie* ernstlich oder wenigstens mit einer gewissen Hingabe auf Gott und seine Vernunft beziehen: Glaube und Hoffnung haben hier nur als Grundlage von Normen Raum; doch nie wird auf diese Grundlagen selbst zurückgegangen, vielmehr wird den Autoritäten – d. h. dem heiligen Thomas von Aquin oder irgendeiner anderen, uns unbekannten Leuchte des kanonischen Rechts – die normative Verantwortung für die Sache zugeschoben. Was schließlich das Verhältnis von Glauben und Hoffnung einerseits und den daraus entstandenen Gesetzen betrifft (im vorliegenden Fall die Gesetze über die Eheaufhebung, die praktisch die Definition der Ehe selbst enthalten), so gehen die Richter hierauf überhaupt *nie* ein. Das ließe sich zwar damit rechtfertigen, daß sie ja auf einer rein praktischen Ebene tätig werden; doch auch wenn sie auf dieser rein praktischen Ebene von Glauben und Hoffnung absehen können, so können sie doch nicht von der Nächstenliebe absehen.

Und hier wird die Sache in ihrer ganzen Schändlichkeit deutlich: die Nächstenliebe als vornehmstes aller christlichen Gefühle, als einziges, das autonom bestehen kann (man kann Nächstenliebe erweisen ohne Glauben und Hoffnung – doch ohne Nächstenliebe können Glauben und Hoffnung beängstigend werden), wird hier mit einem skandalös gleichgültigen Zynismus zu einer rein pragmatischen Maßnahme degradiert. Sie scheint nur dafür gut zu sein, die Menschen bis auf ihre erbärmlichste und entsetzlichste kreatürliche Nacktheit zu entblößen: ohne ihnen zu vergeben oder sie zu verstehen, nachdem sie so grausam bloßgestellt sind. Der Pessimismus gegenüber dem irdischen Menschen ist zu total, als daß Vergebung oder Verständnis möglich wären. Er wirft auf alles unterschiedslos ein bleiernes Licht. Und ich wüßte nicht, was weniger religiös, ja widerwärtiger sein könnte, als das.

Kritiken

Ignazio Buttitta: »Ich bin Dichter von Beruf«

Schon seit längerer Zeit sage ich wieder und wieder, wie ich mit Sehnsucht an die Armut zurückdenke – an meine und die der Anderen – und daß wir uns getäuscht haben, wenn wir glaubten, die Armut sei etwas Schlimmes. Das sind reaktionäre Behauptungen, von denen ich gleichwohl weiß, daß ich sie dennoch von einer extrem linken Position aus mache, die noch nicht definiert und auch gewiß nicht leicht zu definieren ist. Während mich noch dieser Schmerz quält, von Leuten umgeben zu sein, die nicht mehr wiederzuerkennen sind – von einer Jugend, die unglücklich, neurotisch, sprachgestört, stumpfsinnig und eingebildet wurde, als ihr der Wohlstand unvermittelt tausend Lire mehr in die Tasche gezaubert hatte – kommt uns auf einmal die »Austerity« ins Haus geschneit, die obligatorische Armut. Als Regierungsmaßnahme halte ich diese »Austerity«-Politik für geradezu verfassungswidrig, und es bringt mich ausgesprochen in Rage, wenn ich daran denke, wie schön sie mit dem Heiligen Jahr »harmoniert«. Doch als Vorzeichen einer Rückkehr zu echter Armut kann sie mich nur freuen. Ich sage *Armut*, nicht *Elend*. Selbstverständlich bin ich selbst zu jedem persönlichen Opfer bereit. Als Entschädigung würde mir genügen, auf den Gesichtern der Leute wieder das alte Lächeln zu sehen; den alten Respekt vor dem Andern, der auch Selbstrespekt war; den Stolz, das zu sein, was die eigene »arme« Kultur zu sein lehrte. Dann wird man vielleicht einen neuen Anfang machen können ... Phantastereien, ich weiß. Gewiß, diese wirtschaftlichen Restriktionen, die möglicherweise einen bestimmten Lebensstandard festschreiben, der von nun an unsere gesamte Zukunft bestimmen soll, könnten folgendes bedeuten: daß es vielleicht eine allzu verzweifelt gewagte Prophezeiung war, wenn man glaubte, die Geschichte der Menschheit sei nunmehr gleichbedeutend mit totaler Industrialisierung und Wohlstand, sei also eine »andere Geschichte«, in der weder die Lebensformen des Volkes noch die Vernunft des Marxismus einen Sinn hätten. Vielleicht hatten wir damals schon den Scheitelpunkt dieser wahnwitzigen Geschichte erreicht – obwohl wir's nicht zu hoffen wagten – und beginnen nunmehr die Phase des Abstiegs. Die Menschen werden vielleicht ihr Gestern neu erleben müssen, nachdem sie es künstlich überwunden und wie in einem Fieber, in einer rauschhaften Bewußtlosigkeit vergessen hatten. Gewiß (wie ich bei Piovene lese), die Rückgewinnung dieser Vergangenheit wird auf lange Zeit hinaus Stümperwerk bleiben: eine unglückliche Mischung aus neuen Annehmlichkeiten und altem Elend. Doch kann uns auch diese konfuse und chaotische Welt, diese »Deklassierung« noch willkommen sein. Alles ist besser als diese Art von Leben, das sich mit schwindelerregendem Tempo in unserer Gesellschaft breitzumachen drohte.

In dieser Situation begann ich auf einmal – nach über dreißig Jahren – wieder im friaulischen Dialekt zu schreiben. Vielleicht belasse ich es dabei. Die wenigen Verse, die ich geschrieben habe, werden wohl ein *unicum* bleiben. Tatsache ist, daß ich sie geschrieben habe, und das ist immerhin ein Symptom. Ich hatte kein Auto, als ich im Dialekt schrieb (zuerst im friaulischen, dann im römischen). Ich hatte keinen Pfennig in der Tasche und fuhr mit dem Fahrrad. Und das noch, als ich dreißig und älter war. Das war nicht bloß die Armut, die man in jungen Jahren kennt. Und in dieser ganzen armen Welt rund um mich war der Dialekt so selbstverständlich, daß man glaubte, er könne allenfalls in unvorstellbar fernen Zeiten verschwinden. Die Italianisierung Italiens schien nicht anders möglich als durch einen gewichtigen Beitrag von unten, aus dem Volk und seiner lebendigen Sprache (und nicht etwa dadurch, daß an die Stelle der literarischen Sprache als Orientierungsmodell die Sprache der kapitalistischen Produktion trat, wie es dann tatsächlich geschah). Eine der zahlreichen Tragödien, die wir in den letzten Jahren erlebt haben (und die ich ganz persönlich und sinnlich erlebt habe), besteht im tragischen Verlust des Dialekts als einem der schmerzlichsten Momente des Verlusts von Wirklichkeit (die in Italien stets partikularistisch dezentral und konkret – nie zentralistisch oder »von oben« bestimmt war).

Diese Entleerung des Dialekts und der sich in ihm ausdrükkenden besonderen Kultur – eine Entleerung infolge der kulturellen Nivellierung durch die neue Herrschaft des Konsumismus – der zentralisierungswütigsten und deshalb substantiell faschistischsten Herrschaftsform aller Zeiten – hat ein Mundartdichter zum Thema eines Gedichts mit dem Titel »Lingua e dialettu«

(Sprache und Dialekt) gemacht (der Dichter ist Ignazio Buttitta, der Dialekt ist das Sizilianische). Das Volk ist im Grunde immer frei und reich: man kann es in Ketten legen, ihm noch das Letzte nehmen, man kann es knebeln – doch im Grunde bleibt es frei; man kann ihm die Arbeit entziehen, den Paß, den Tisch, an dem es ißt – es bleibt im Grunde reich. Warum? Weil derjenige, der eine eigene Kultur besitzt, durch die er sich auszudrücken vermag, stets frei und reich ist, auch wenn das, was er (gegenüber der ihn beherrschenden Klasse) lebt und ausdrückt, Unfreiheit und Elend ist. Kultur und ökonomische Verfassung stimmen vollkommen überein. Eine arme (bäuerliche, feudale, mundartliche) Kultur »kennt« in Wirklichkeit nur ihre eigene ökonomische Verfassung und durch die artikuliert sie sich, ärmlich, doch mit der unendlichen Vielfalt ihres lebendigen Daseins. Nur wenn etwas Fremdes in diese ökonomische Verfassung dringt (was heute fast ständig durch die Vergleichsmöglichkeiten mit einer vollkommen anderen Wirklichkeit geschieht), dann gerät diese Kultur in eine Krise. Eine Krise, die seit jeher in der bäuerlichen Welt die Grundlage der Herausbildung von Klassenbewußtsein ist (einer Klasse, die im übrigen ständig in Gefahr ist, rückschrittlich zu werden). Diese Krise ist also eine Krise in der Beurteilung der eigenen Lebensweise, ein schwindendes Vertrauen in die eigenen Werte, *was bis zur totalen Verleugnung dieser Werte gehen kann* (und in den letzten Jahren gerade in Sizilien aufgrund der massenhaften Emigration der Jüngeren nach Deutschland und Norditalien geschehen ist). Symbol dieses brutalen und alles andere als revolutionären »Abfallens« von der eigenen kulturellen Tradition ist die Herabwürdigung und Erniedrigung des Dialekts, der zwar weiterhin besteht und statistisch gesehen auch nicht an Verbreitung eingebüßt hat, der jedoch nicht mehr Ausdruck einer Lebensweise, kein Wert mehr ist. Die Gitarre des Dialekts verliert mit jedem Tag eine Saite mehr. Der Dialekt ist zwar nach wie vor reich an funkelnden Münzen, aber sie lassen sich nicht mehr ausgeben, er ist reich an Juwelen, die sich nicht mehr verschenken lassen. Wer ihn spricht, ist wie ein Vogel, der aus dem Käfig heraus singt. Der Dialekt ist wie eine Mutterbrust, an der jeder gesaugt hat und auf die jetzt gespuckt wird (die Selbstverleugnung!). Was bleibt und was sich (noch) nicht abschaffen läßt, das ist der Körper mit seinen Stimmbändern, seiner

Stimme, der Aussprache, der Mimik – das alles ist wie eh und je. Aber es überlebt eben nur, mehr nicht. Und obwohl wir immer noch dieses mysteriöse Organ »mit jenem Strahlen in den Augen« besitzen, das unser Körper ist, »sind wir dennoch arme Waisen«.

Die vollendete Tragik dieses Gedichts wird noch an anderer Stelle erreicht, in »U rancuri« (Die Erbitterung). Auch hier läßt der meisterhaft expressive Schluß keinen Raum für irgendeine Hoffnung. Der Mundart- und Volksdichter (im Sinne Gramscis) sammelt die Gefühle der Armen, ihre »Erbitterung«, ihre Wut, die Explosion ihres Hasses; kurz: er macht sich zu ihrem Sprecher und Fürsprecher; doch er selbst, der Dichter, ist ein Bürger. Ein Bürger, der die Privilegien seines Standes genießt; der im eigenen Haus Frieden will, um den Krieg im Haus der Andern zu vergessen; einer von der gleichen Sorte wie die Feinde des Volkes. Ihm selbst fehlt nichts, er selbst hat keine Wünsche; höchstens ein Rosenkranz für's abendliche Gebet – und niemand bringt ihm einen festen Draht, um ihn damit am nächstbesten Laternenmast aufzuhängen.

Vor diesem »ausweglosen«, so vollendet und grausam scharfsinnigen Schluß jedoch ist das ganze Gedicht von einer Verhaltenheit bestimmt, die als rhetorische Figur genau das bestätigt, was sie negieren will. Was ist das nun, was Buttitta immer wieder und fast krampfhaft negiert? Er negiert, daß er es ist, der Dichter, der gegenüber der herrschenden Klasse Erbitterung, Haß, Wut und ein Gefühl erlittenen Unrechts verspürt. Das alles sind Gefühle des Volks, denen der Dichter lediglich Ausdruck verschafft. Doch mit all dem behauptet Buttitta in Wirklichkeit das genaue Gegenteil. Und warum? Weil aus der Rhetorik seiner Gedichte das Bild eines Volkes spricht, das einem grandiosen Modell historischen Aufbruchs entnommen ist (und das dann auf das wirkliche Volk projiziert wird). Dieses Bild vom Volk hat etwas Zwieschlächtiges, doch nur äußerlich. Es geht auf den Volksbegriff der russischen Revolutionsjahre zurück, der im Funktionalismus und im sozialistischen Realismus zum Ausdruck kam. Die synthetisch knappen Züge, mit denen Buttitta das Volk zeichnet, sind vollkommen plakativ, während das Metrum, das strukturell die Diktion der Reden von fahnengeschmückten Tribünen herab nachahmt, die Wesensmerkmale eines Volks ausdrückt, das den Bildern des sozialistischen Realismus entnommen ist. Und hier wird klar, weshalb der Dichter – bevor er darum bittet, als Bürger hingerichtet zu werden – das, was er dem Volk zuschreibt, in Wahrheit sich selbst predigt. Denn Buttitta weiß sehr genau, daß das Volk, und vor allem das sizilianische Volk (dessen Fähigkeit zu Revolte und Aufruhr gewiß nicht bestritten werden soll), nie dem Bild entsprochen hat, das sich die traditionellen kommunistischen Parteien von ihm machten. Es *diente* diesen Parteien zu ihrer politischen Taktik, und in zweiter Linie *diente* es den Dichtern dazu, diese Taktik in Liedern zu singen. Der Dichter, der »Sprache und Dialekt« geschrieben hat, mußte sich dessen sehr wohl bewußt sein. Aber auch wenn er darin das Volk so beschrieben hat – nämlich traditionalistisch und beinahe als Fiktion –, so ist Buttitta doch keineswegs unehrlich. Eine derartige Sicht des Volks, deren Impetus und Glanz dem kommunistischen Manierismus vom Anfang unseres Jahrhunderts entnommen ist, gehört zur wirklichen, d. h. formalen Inspiration Buttittas. Er hat sich nämlich stets am offiziellen Kommunismus orientiert: und es gibt nichts, was einer manieristischen Inspiration kraftvoller Nahrung gäbe, als eine »Offizialität«, die noch nicht an der Macht ist und bisweilen immer noch von einer Art Partisanen- und Untergrundmentalität geprägt ist. Neruda (der von Sciascia, dem Verfasser des Vorworts zu Buttittas Buch zitiert wird) ist das Musterbeispiel einer solchen literarischen Operation. Doch während Neruda ein schlechter Dichter ist, verkörpert dieser einfache Mann aus Bagheria – der so sentimental, extrovertiert und naiv ist und den, wie in den Volksliedern vom »unglücklich Geborenen«, der qualvoll empfundene Mangel an mütterlicher Liebe zur ruhelos irrenden Waisen gemacht hat – genau das, was man einen guten Dichter nennt. Die sprachliche Gestalt des Volks, das wie in einer Vision Guttusos mit geballten Fäusten und wehenden Fahnen durch seine Gedichte wogt, ist durchaus real – man darf sie nur nicht als aktuelle sehen (und nur so erscheint sie auch im Bewußtsein des Dichters, der »Sprache und Dialekt« geschrieben hat). Sie ist Teil jener Welt, in der man den Dialekt sprach, der heute nur noch mit Scham gesprochen wird, wo man die Revolution wollte, die heute vergessen ist, und wo jedenfalls eine Menschlichkeit (und eine Gewalt) herrschte, die heute verleugnet wird.

Das Gefängnis und die Brüderlichkeit der homosexuellen Liebe

Anlaß für den vorliegenden Beitrag ist ein Artikel, der in einer Zeitung veröffentlicht wurde, die genau wie ich zu der politischen Richtung gehört, in der sich die Opposition ausdrückt, der Artikel eines Redakteurs, der möglicherweise völlig unschuldig ist, der vielleicht gar nicht gemerkt hat, was für Ungeheuerlichkeiten er da schrieb und den ich deshalb ungern in einer persönlichen Polemik angreifen möchte.

Das Thema des Artikels ist das »Sexualleben in italienischen Gefängnissen«; ein Thema, zu dem der Verfasser durch einen Vorfall angeregt wurde, der sich kürzlich in Mailand abgespielt hat: ein fünfzehnjähriger Junge wurde bei einem kleinen Diebstahl ertappt, und da die Jugendstrafanstalt keinen Platz mehr hatte, brachte man ihn ins Gefängnis San Vittore. In seiner Zelle waren noch zwei andere Häftlinge, die versuchten, ihn zu mißbrauchen (wobei die beiden nach einigen Zeitungsmeldungen ältere Männer, anderen Meldungen zufolge gleichaltrig oder zumindest sehr jung waren). Der Junge wehrte sich und mußte daraufhin ihre brutale Reaktion über sich ergehen lassen. Wie allgemein bekannt ist, »gibt es keinen Vorsatz zur Peinigung, der nicht vom Blick des Opfers inspiriert wäre« (weshalb z. B. Maria Goretti für das von ihr gebrachte Opfer mindestens ebenso verantwortlich ist wie dessen Vollstrecker). Trotzdem ändert das nichts daran, daß jener Vorfall in der Zelle von San Vittore brutal, beleidigend und widerwärtig ist – wie all das, was einen »Menschen« auf ein »Ding« reduziert. Und genau das gleiche würde gelten (mit anderen Nuancen, die allerdings im Hinblick auf das wesentliche unwichtig sind), wenn an der Stelle des Jungen ein Mädchen, eine Frau oder ein erwachsener Mann gewesen wäre; im Grunde handelt es sich nämlich um einen Fall der schizoiden Ausübung von Macht (in unserem Beispiel der archaischen und individuellen Macht der körperlichen Gewalt), die den anderen von sich stößt und ihn jenes absoluten Minimums an Freiheit beraubt, das in der körperlichen Freiheit besteht.

Es gibt Gesetze, die so etwas unter Strafe stellen: und das italienische Strafgesetzbuch läßt hier – erstaunlich weise und vielleicht, um meinem Freund De Marsico eins auszuwischen –

Gleiches für beide Geschlechter gelten. Ich will nur hoffen, daß die fortschrittlichen Kräfte Italiens, wenn sie von der Strafrechtsreform sprechen, nicht auch daran etwas ändern wollen – im reaktionären Sinne. Denn fähig wären sie dazu – jedenfalls nach dem obengenannten Artikel zu urteilen (der gewiß nicht nur eine vereinzelte Meinung wiedergibt, ganz im Gegenteil).

Und damit komme ich zu dem, was ich eigentlich sagen will.

Die »progressive« intellektuelle Welt Italiens hat sich aus der Mentalität von '68 diejenigen Züge bewahrt, die ihr offenbar geistig besonders verwandt waren, und die so auch dann noch fortleben konnten, als die Protestbewegung bereits unter allgemeinem Aufatmen begraben war. Einer dieser Züge ist die erpresserische Ungeduld, das zwanghaft-neurotische Drängen auf sofortige Reformen. Diese Ungeduld ist – kulturell betrachtet – gewiß ehrenvoll: sie geht zurück auf das »paradise now« der amerikanischen Neuen Linken vor der Protestbewegung (d. h. auf eine typisch »reformistische« Kulturströmung). Der Verbalismus und der Terrorismus, mit denen diese Ungeduld heute normalerweise auftritt (was auch für den hier zur Debatte stehenden Artikel gilt), sind dagegen weit weniger edler Herkunft: sie kommen geradewegs aus dem kulturellen Geist der italienischen Kleinbourgeoisie, die stets und ständig von ihrem »unglücklich-schlechten Gewissen« verfolgt und aufgepeitscht ist. Dieses »unglücklich-schlechte Gewissen« versetzt sie in eine ewige Unrast und macht sie zu allem bereit – eine schwankende Masse, die dem Erstbesten zur leichten Beute wird, der ihr den Primat der Aktion vor dem Denken predigt (wobei letzteres auf einer an sich schon subkulturellen Ebene improvisiert wird, wo man die marxistische Lehre aus dem Handgelenk heraus an die Erfordernisse der Soziologie anpaßt – die zwar nicht marxistisch, aber dafür eine Mode ist – und das Ganze dann noch mit den Restbeständen und den haarsträubendsten Allgemeinplätzen eines vulgären Humanismus und des Katholizismus auffüllt). Mit einer blinden Ausdauer, die für ihn selbstbestätigend und für die andern erpresserisch ist, läßt der italienische Durchschnittsintellektuelle heute keine Gelegenheit mehr aus, sich edelmütig überall da einzumischen, wo Dinge verteidigt werden, die mittlerweile schon von der gesamten *Intelligentia* als berechtigt anerkannt sind – und wen kümmert's, ob er selbst sie noch bis gestern verdrängt, ignoriert, als utopistisch oder unpopulär betrachtet hatte. Eine dieser Angelegenheiten ist die Reform des Strafvollzugs. Wie von einer Art *Raptus* getrieben, versäumt der italienische Durchschnittsintellektuelle es nie – er, der weiß, daß er total und ohne jeden Zweifel auf der Seite des Guten steht – bei der erstbesten Gelegenheit lautschallend seiner Empörung über die Situation in den Gefängnissen Ausdruck zu verschaffen, was er dann im allgemeinen mit seiner unnachgiebigen Forderung nach sofortigen Reformen verbindet (was – um's noch einmal zu sagen – seinem Selbstgefühl schmeichelt). Einverstanden, auch ich bin dafür, daß diese Reformen durchgeführt werden, und zwar »sofort« (ich habe dazu schon 1962 einen Film gemacht). Aber ich weiß auch, daß dies, wenn ich es heute denke und sage, im Rahmen einer allgemeinen und programmierten Toleranz geschieht, die von oben herab beschlossen wurde; und dort oben werden in diesem Fall mein autonomes Denken, meine marxistische Ideologie und meine radikale Leidenschaft gebraucht, damit sich diese Reformen durchsetzen lassen, die inzwischen auch von den Herrschenden als notwendig erkannt werden (und für die sie unter ihren traditionellen Vertretern keine »Ideologen« mehr finden).

Eben diese Toleranz der Herrschenden – im Rahmen derer sich ein Oppositioneller mit ach so edlem und wildem Streitsinn gebärden darf – gilt es zu analysieren und zu demaskieren. Denn sie ist letztlich die Ursache für eine ganze Reihe von Mißverständnissen und falschen Gesichtspunkten (in moralischem, ideologischem und politischem Sinn). Zum Beispiel: alle Gefangenen sind »gut«, gehören »zu uns«. Ihr Kampf um Reformen muß deshalb unterstützt werden, und zwar nicht nur unterschiedslos (was ganz richtig ist), sondern mit geradezu terroristischen Mitteln. Das führt zu recht grotesken Widersprüchen. In unserem Fall zum Beispiel sind die Gefangenen, die den Jungen vergewaltigen wollten, »böse«, und zwar radikal »böse«, »böse« im Sinne der reaktionärsten Moral der alten Herrschaftsideologie. Wie können sie dann aber gleichzeitig unsere Brüder sein, deren Kampf um Reformen nicht nur unsere politische Solidarität, sondern auch unsere menschliche Sympathie hervorrufen soll? Hier war für einen Intellektuellen Anlaß genug, sich mit dem Widerspruch auseinanderzusetzen – anstatt diese Unglückseligen (wie Manzoni gesagt hätte) einfach als »böse« hinzustellen und so zum Freiwild der Lynchjustiz zu machen, weil sie für ihre Sexualnot keine andere Lösung gefunden hatten, als mit gemeiner Gewalt über einen Schwächeren herzufallen. Ein anderes Beispiel: Die Toleranz der Herrschenden auf sexuellem Gebiet ist ganz eindeutig (und damit im Grunde repressiver denn je): sie gesteht dem heterosexuellen Paar sehr viel mehr Rechte zu als früher, und das auch außerhalb der Ehe; doch zunächst einmal wird dieses »Paar« als zwanghaft-zwingendes Vorbild präsentiert – kein bißchen anders, als das Paar Konsument-Auto.

Kein Auto zu haben und nicht in einer Paarbeziehung zu leben, kann heute, wo es allgemein »Pflicht« ist, ein Auto und eine Paarbeziehung zu haben (janusköpfiges Monster der Konsumherrschaft), nur als großes Unglück, als unerträgliche Frustration gelten. Die heterosexuelle Liebe, die so unumschränkt erlaubt ist, daß sie schon in Zwang ausartet, hat sich so zu einer Art »gesellschaftlicher Erotomanie« entwickelt. Darüber hinaus wurde diese sexuelle Freiheit nicht etwa von unten her gefordert und durchgesetzt, sondern von oben herab zugestanden (indem der konsumistisch-hedonistische Herrschaftsapparat scheinbar dem anhaltenden Druck der progressiven Eliten nachgab). Und schließlich »gilt das alles nur für die Mehrheit«. Die (mehr oder weniger genau bestimmbaren) Minderheiten sind vom großen neurotischen Fressen ausgeschlossen. Denjenigen, die noch im klassischen Sinne »arm« sind, bestimmten Gruppen unter den Frauen, den Häßlichen, den Kranken und – um auf unser Thema zurückzukommen – den Homosexuellen, wird der Genuß der neuen Freiheit verweigert, die Freiheit einer Mehrheit, die zwar für sich eine wenn auch illusorische Toleranz in Anspruch nimmt, doch dabei effektiv intoleranter ist denn je.

Der Redakteur, der sich in unserem Artikel mit dem Problem der Sexualität im Gefängnis befaßt, macht sich zum Sprecher dieser Mehrheit und verhält sich schließlich als perfekter Rassist. Der Homosexuelle und die Homosexualität erscheinen bei ihm als Formen des »Bösen«, doch eines verdrängten Bösen, dem man einen Platz zuweist, wo es zum »Anderen« wird; wo es folglich ungeheuerlich, dämonisch, entwürdigend wird. Man diskutiert nicht einmal darüber: die Vorstellung eines homosexuellen Verkehrs erscheint als apokalyptische Bedrohung, als endgültige Verurteilung, die den Verurteilten grundlegend in seinem Wesen verändert. Die alte katholische Sexualangst vermischt sich hier mit der neuen weltlichen Verachtung, die man dem entgegenbringt, der das Gut der heterosexuellen Paarbeziehung nicht zu würdigen weiß, diese wundervolle Freiheit, die von nichts weniger als von der überwältigenden Mehrheit genossen wird. Beim Gedanken, daß es in den Gefängnissen homosexuelle Beziehungen gibt (was ganz natürlich ist), gerinnt dem progressiven Durchschnittsintellektuellen das Blut in den Adern: er fühlt, daß er es hier mit etwas Unerträglichem zu tun hat und gibt sich die Mühe dessen, der tief erschüttert ist, der jedoch nicht – wie die Andern – ignorant bleiben kann, sondern das Problem ernsthaft anpacken muß. Fassungslos blättert er in den Statistiken: »22 Prozent der Homosexuellen haben ihre Anomalie schon ins Gefängnis mitgebracht, 78 Prozent dagegen haben sie dort erst angenommen!« »47 Prozent der Gefangenen gaben zu..., homosexuellen Verkehr mit anderen Häftlingen gehabt zu haben!« Tief betroffen liest er den Bericht von Salierno (der hierbei – sicher unbewußt – die faschistische Herkunft seiner Kultur offenbart). Er schlägt sofortige Reformen vor (was sonst?), und zwar eine Art »legalisierten Liebesvollzug«, was letztlich nach dem alten Modell der Freudenhäuser funktionieren würde. Das Resultat seines Engagements ist jedoch (und hoffentlich gegen seine Absicht) einzig und allein folgendes: er spioniert für das Gefängnispersonal die Sexualität der Gefangenen aus und erreicht damit, daß Überwachung und Repression noch weiter verschärft werden. So läßt er schließlich den gedemütigten Gefangenen nur noch die Wahl zwischen klösterlicher Abstinenz und Masturbation. Das ganze ist ausgesprochen komisch – aber auch tragisch. Das Tragische daran ist, daß ein Intellektueller, der sich selbst für fortschrittlich, gebildet und menschlich hält, nicht versteht, daß man dieses Problem nur dadurch lösen kann, daß man es zunächst einmal entdramatisiert.

Es ist tragisch, daß er nicht versteht – und dabei so rigide und brutal konformistisch ist –, daß sich im homosexuellen Verkehr nicht »das Schlimme« verkörpert, oder besser: daß am homosexuellen Verkehr überhaupt nichts Schlimmes ist. Er ist ein Geschlechtsverkehr wie jeder andere.

Wo bleibt – ich sag' ja gar nicht die Toleranz – aber die Intelligenz und die Vernunft, wenn das nicht verstanden wird? »Er« brennt keine ewigen Male auf, läßt keine Flecken zurück, die unberührbar machen und führt auch nicht zu rassischen Deformationen. Er läßt einen Menschen genauso wie er war. Ja mehr noch, er hilft ihm, sein ganzes »natürliches« sexuelles Potential zu erleben, denn es gibt niemanden, der nicht »auch« homosexuell wäre. Eben das ist es, und nichts anderes, was sich an der Homosexualität im Gefängnis zeigt.

Es handelt sich also alles in allem um eine der vielen Formen von Befreiung, deren Analyse und deren Billigung im allgemeinen den Stolz eines modernen Intellektuellen ausmachen. Wer ja – und sei es auch in einer Notsituation – die eigene Homosexualität ausgelebt hat (wobei ihm vielleicht ein Mut zu Hilfe kam, der seine Wurzeln gewiß eher im Volk als bei den Bürgern hat – und hier liegt das klassenbedingte Moment des Hasses gegen die Homosexualität), der wird sich nicht mehr, wenigstens nicht mehr auf diesem Gebiet, rassistisch oder als Verfolger aufführen. Seine menschliche Erfahrung wird um ein Stück »realer« Toleranz reicher sein, die er bis dahin nicht so besaß. Und wenn er Glück hatte, dann ist er vielleicht in seiner Kenntnis des eigenen Geschlechts bereichert, seiner Kenntnis derer, zu denen er – schicksalhaft und ganz natürlich – keine andere als eben eine homoerotische Beziehung haben kann – sowohl im Haß als in der Brüderlichkeit.

Zwei französische Wissenschaftler haben ein pädagogisch aufgemachtes Buch über die Homosexuellen geschrieben, das geeignet wäre, in den Zeitschriftenkiosken die themengleichen Machwerke erotischen, reißerischen oder kommerziellen Charakters zu ersetzen (was allerdings wohl utopisch ist). Das Buch gibt sich ehrlich, klar, erschöpfend, demokratisch und gemäßigt. Und all das ist es auch. Entgegen meiner sonstigen Gewohnheit als Kritiker (wobei ich hier natürlich nicht als Literaturkritiker spreche) beginne ich damit, daß ich zunächst einmal eine Reihe besonders aussagekräftiger Zitate wiedergebe, um damit den Leser an ein Thema heranzuführen, das – wie die Autoren dieses kleinen Buches, Daniel und Baudry, richtig bemerken – nach wie vor tabu ist.

1. »Es gilt also – koste es, was es wolle – das Tabu aufzubrechen. Wir leben heute nicht mehr in einer Zeit, wo sich peinliche oder heikle Dinge einfach mit Schweigen übergehen oder repressiv ersticken lassen – darüber sind sich wohl alle einig... Themen, die lange Zeit als verboten galten, wie z. B. die Empfängnisverhütung, die Abtreibung, sexuelle Beziehungen unter Jugendlichen, sind heute Gegenstand von Zeitungsreportagen, von Rundfunk- und Fernsehsendungen. Doch läßt sich schwerlich behaupten, daß dies – jedenfalls in Frankreich – auch für die Homosexualität gilt.«

2. »Für die Ursprünge all dessen mag ein kleiner Satz von Paulus im Brief an die Epheser stehen: ›Die Dinge sollt ihr nicht einmal beim Namen nennen.‹ «

3. »Selbst derjenige Teil der Presse, der für seine liberalen und aufgeklärten Ansichten bekannt ist, verhält sich hierzu erstaunlich konformistisch.«

4. »In anderen Gesellschaften, die sich vom Christentum gelöst haben, nahm die uralte religiöse Verdammung, die zu tiefe Wurzeln hat, um einfach verschwinden zu können, die Form eines falschen Rationalismus an und lebt so in ihrer ganzen Rigidität weiter: So haben die UdSSR und Kuba äußerst strenge Gesetze gegen die Homosexuellen zum *Schutz des Volkes* vor den Lastern des niedergehenden Kapitalismus.«

5. »Hierbei ist bezeichnend, daß Hitler drei Kategorien von Minderheiten zur Ausrottung in die Konzentrationslager geschickt hat und dies mit dem *Schutz der Rasse* begründete: die Juden, die Zigeuner und die Homosexuellen (die letzteren, die mit einem rosa Dreieck gekennzeichnet waren, wurden besonders abscheulichen Behandlungen unterzogen. Trotzdem sind sie die einzigen, die nach dem Krieg nie ein Recht auf Wiedergutmachung erlangten).« Und mehr noch – so könnte man hinzufügen – sie sind die einzigen, für die sich im wesentlichen überhaupt nichts geändert hat und denen auch nicht die mindeste Form der Rehabilitierung zuteil wurde.

6. »Statistisch gesehen kann man also davon ausgehen, daß von 15 Personen, mit denen unser Leser zu tun hat, wenigstens eine homosexuell ist. Eine Feststellung, über die es sich lohnt nachzudenken.«

7. »... es gibt keine Beispiele dafür, daß Heranwachsende aufgrund einer Vergewaltigung zur Homosexualität gebracht wurden. So etwas auch nur einen Moment lang ernsthaft anzunehmen, ist offensichtlich absurd. Denn gerade umgekehrt bewirkt das erlittene Trauma in der Regel, daß der Betroffene sich für immer von der Homosexualität abwendet. Es sei denn, er hat die erlittene Gewalt provoziert und – bewußt oder unbewußt – das gesucht, was ihm schließlich widerfuhr.«

8. »Es gibt nichts ..., was darauf schließen oder auch nur vermuten ließe, daß zwischen Homosexualität und Neurose ein, wenn auch noch so minimales Verhältnis von Ursache und Wirkung besteht: der Zusammenhang liegt – wenn überhaupt – in der Tatsache, daß die gesellschaftliche Verdammung der Homosexualität neurotisierend wirkt.«

9. »Die Richter zeigen sich oft erstaunlich nachsichtig gegenüber Angeklagten, denen vorgeworfen wird, einen Homosexuellen mißhandelt, verletzt oder auch umgebracht zu haben; so als dächten sie im Grunde: ›Geschieht ihm doch recht.‹ Gleichzeitig kommt es häufig vor, daß ein Homosexueller, der wegen einer x-beliebigen Sache vor Gericht steht, einfach deshalb verurteilt wird, weil er als Homosexueller schon an sich schuldig ist.«

10. »Es ist wichtig, sich über folgende, den Psychologen wohlvertraute unbewußte Reaktion klar zu sein: ein Großteil derer, die über die Homosexuellen mit Beschimpfungen herfallen, tut

dies allein deshalb, um die eigene verdrängte Homosexualität nicht eingestehen zu müssen. Hierzu hat sich Jean-Paul Sartre sehr deutlich geäußert: ›Was diejenigen angeht, die bei der Verurteilung Genets die schärfsten Worte finden, bin ich überzeugt, daß für sie die Homosexualität eine ständige und ständig verleugnete Versuchung und so Zielscheibe ihres erbittertsten Hasses ist: sie sind glücklich und zufrieden, wenn sie diese an einem andern verabscheuen können, denn das schafft ihnen die Möglichkeit, den Blick von sich selbst abzuwenden.‹«

11. »›Die Billigung der Homosexualität und des Drogenkonsums [man beachte die bezeichnende Nebeneinanderstellung] hat mit der Arbeiterbewegung nicht das geringste zu tun‹, so erklärte Pierre Juquin, Mitglied des Zentralkomitees der KPF (›Nouvel Observateur‹ vom 5. 5. 1972).«

12. »... das Glück eines Fünfzehntels der Menschheit ist keine Sache, über die man leichten Herzens hinweggehen kann.«

Ein Dutzend Zitate, die schlicht und einfach auf dem gesunden Menschenverstand beruhen, auf jenem Minimum an unmittelbar einleuchtenden Dingen, die sich zu diesem Thema sagen lassen. Das »Büchlein« von Daniel und Baudry macht dabei jedoch nicht halt. Es ist eine populäre Abhandlung, doch wissenschaftlich fundiert und deshalb komplex.

Trotzdem hätte ich dazu eine Reihe von Bemerkungen zu machen (die der Leser erst nach der Lektüre des hier besprochenen Textes verstehen wird – was ich ihm im übrigen nur wärmstens empfehlen kann).

Die erste Überlegung betrifft Freud. Es ist allgemein bekannt, daß nur die Psychoanalyse zu erklären vermag, was die Homosexualität eigentlich ist. Auch Daniel und Baudry wissen das; gleichzeitig jedoch melden sie einerseits – unter allzu weitgehender Bezugnahme auf den gesunden Menschenverstand – ihre Vorbehalte gegen die Freud'schen Interpretationen an, zum andern sehen sie in ihm den Hauptverantwortlichen für die Einstufung der Homosexualität als »Anomalie« gegenüber einer »Normalität« (der bürgerlichen Gesellschaft), die Freud passiv und vielleicht auch feige akzeptiert hatte. Ich glaube, das ist nicht richtig. Wenn Freud von »Normalität« spricht (was stets rein formal und schematisierend gemeint ist), dann denkt er dabei im wesentlichen an »Normalität« als *ordo naturae*, die bruchlos alle

Zeiten und Gesellschaftsordnungen überdauert. Auch in Gesellschaften, wo die Homosexualität gebilligt wird, liegt das »Normale« stets im »Durchschnitt«, d. h. im Sexualverhalten der Mehrheit. »Anomalie« ist ein Wort wie jedes andere, solange man ihm einen rationalen (und weder positiven noch negativen) Sinn beimißt.

Dieser »Rest« an Respekt für die Ansichten der »normalen Welt« bei diesen beiden Autoren, die trotz allgemeiner Mäßigung die »revolutionäre« Haltung der FHAR (Front homosexuel d'action révolutionnaire) im wesentlichen akzeptieren, beweist sich auch an anderer Stelle: sie verurteilen – als wollten sie damit der empörten Mehrheit schmeicheln – das unverantwortliche Tun des »pädophilen Libertins«, dessen erotisches Interesse auf die »Epheben« gerichtet ist, auf Heranwachsende auf der Schwelle des Jünglingsalters. Es ist der übliche Vorwurf, der darin besteht, ein noch unsicherer Jugendlicher (bisexuell – Nr. 3 der Kinsey'schen Einteilung) werde so zur Homosexualität bestimmt. Das allerdings widerspricht *allem*, was die Autoren davor gesagt haben. Nämlich: wer bisexuell ist, der bleibt es auch; sollte er nun – rein hypothetisch gesprochen – seiner Homosexualität einen gewissen Vorrang geben, *so wäre das nichts Schlimmes*.

Außerdem schließt sexuelle Freizügigkeit keinesfalls die Berufung zum Pädagogen aus. Sokrates *war* ein Libertin: von Lysides bis zu Phädros hatte er unzählige Liebschaften mit Knaben. Und wer die Knaben liebt, der muß einfach *alle* Knaben lieben (und genau hierin liegt der Grund für seine pädagogische Berufung).

Doch von all dem abgesehen: einen Jugendlichen (der bis dahin unschuldig war – was nichts als eine amüsante Hypothese ist) zum homosexuellen Verkehr zu bewegen, bedeutet nicht, ihn von der Heterosexualität abzubringen. Es gibt ein »autonomes« Moment im sexuellen Leben, und das ist die Autoerotik, und zwar nicht nur im psychologischen, sondern auch im körperlichen Sinne. Ein junger Mann wird auch dann weiterhin ein Sexualleben haben, wenn es ihn einsam auf eine verlassene Insel verschlägt. Was schließlich die Definition der »Minderjährigkeit« angeht, so tun sich Daniel und Baudry recht schwer: durch eine Gesetzesänderung wurde in Frankreich während der faschistischen Ära Vichy das Volljährigkeitsalter auf 21 Jahre festgesetzt.

Eine schlichtweg irrsinnige Angelegenheit. In Italien, wo (rätselhafterweise auf diesem Gebiet) die Napoleonischen Gesetze gelten, liegt die Minderjährigkeitsgrenze bei 16 Jahren (und nicht bei 18, wie Daniel und Baudry behaupten).

Diese »Tatsache« führt mich zu einer anderen Überlegung (die auch wieder polemisch ist – wo mir doch die Vernunft raten sollte, dieses Buch ohne Polemik zu empfehlen). Es geht um folgendes: Daniel und Baudry versuchen – im festen Glauben an die Kraft der Idee und die Macht ihrer Wirkungen –, das Problem der Homosexualität in den Zusammenhang der wachsenden Toleranz zu stellen (die praktisch bereits existiert, auch wenn die Gesetze wie üblich mit Verspätung kommen), einer Toleranz, die sich auf die heterosexuelle Beziehung richtet (Empfängnisverhütung, Abtreibung, außereheliche Beziehungen, Jugendsexualität und im Fall Italiens auch die Scheidung) und an die sie das (politische) Problem der Minderheiten einfach anhängen wollen.

Ich glaube nicht, daß die gegenwärtige Form von Toleranz echt ist. Sie ist »von oben herab« beschlossen worden: es ist die Toleranz der Herrschaft des Konsums, die formal eine absolute Flexibilität der »Sitten« erfordert, damit der Einzelne ein guter Konsument wird. Eine solche vorurteilslose und freizügige Gesellschaft, die darauf ausgerichtet ist, Paarbeziehungen und (heterosexuelle) Bedürfnisse zu multiplizieren, schafft *ganz zwangsläufig* die Gier nach Konsumgütern. Für die Mentalität eines liberalen Franzosen ist das gewiß schwieriger zu verstehen als für einen progressiven Italiener, der im Faschismus aufgewachsen ist und aus einer bäuerlichen und frühindustriellen Gesellschaftsordnung kommt – und deshalb diesem überwältigenden Phänomen »hilflos« gegenüber steht. Die Möglichkeit zu unbeschränkter Sexualität ist für den Jugendlichen von *heute* keine Freiheit mehr, sondern ein Muß, hinter dem die Angst steht, den ihm gewährten Freiheiten nicht zu genügen. Deshalb darf es auch keine Altersbeschränkungen mehr geben. Die Gesetze, die weiterhin solche Grenzen festsetzen, sind inzwischen lächerlich geworden (und gelten deshalb *nur* noch für die homosexuelle Beziehung). Sie brauchen sich nichts vorzumachen, die rechtschaffenen und romantischen Eltern (die der Gedanke, repressiv zu sein, so erschreckt): zwischen zwei verschieden geschlechtlichen Jugendlichen, auch wenn sie noch sehr jung und kaum geschlechtsreif sind, gibt es die gleichen erotischen Beziehungen wie bei zwei Erwachsenen.

Ich sage das, weil ich meine, daß Daniel und Baudry sich falschen Hoffnungen hingeben, wenn sie glauben, diese Toleranz könne auch die Homosexualität mit einschließen; das wäre nur dann möglich, wenn es sich um eine echte, »von unten her« durchgesetzte Toleranz handelte. In Wahrheit jedoch haben wir es hier mit einer Scheintoleranz zu tun, die Zeiten einer Intoleranz und eines Rassismus ankündigt, wie sie nicht einmal in der Hitler-Zeit bestanden (auch wenn das alles vielleicht nicht ganz so schauerliche Formen annehmen wird). Und warum? Weil die *wahre* Toleranz (die sich das neue Modell von Herrschaft nur scheinbar zu eigen macht) ein gesellschaftliches Privileg der gebildeten Eliten ist; während die »Volksmassen« sich heute einer widerlichen Parodie von Toleranz erfreuen dürfen, die sie in Wirklichkeit in fast schon neurotische Formen von Intoleranz und Fanatismus treibt (was einmal typisch für das Kleinbürgertum war).

Deshalb kann z. B. dieses Buch von Daniel und Baudry von niemand anders als den gebildeten und von daher toleranten Eliten mit Gewinn gelesen und verstanden werden: nur sie sind wahrscheinlich imstande, sich vom Tabu der Homosexualität zu befreien (denn auch sie haben es ja noch in sich). Die Massen dagegen sind zu einer noch zusätzlichen Verschärfung ihrer uralt biblischen Angst verdammt – falls sie diese hatten; wenn sie sie jedoch nicht hatten (wie in Rom, in Süditalien, in Sizilien, in den arabischen Ländern), dann sind sie sogleich bereit, die traditionelle Toleranz des Volkes zu verleugnen und die Intoleranz jener neuen, künstlich geformten Masse anzunehmen, die sich in den bürgerlichen, mit Toleranz gesegneten Ländern herausgebildet hat.

An dieser Stelle wird die Sache politisch. Auch das Buch von Daniel und Baudry widmet dem »politischen Aspekt« des Problems ein paar Seiten. Allerdings ist ihre Analyse von einem Antikommunismus beherrscht, der – so berechtigt er auch im Hinblick auf die Homosexualität sein mag – doch einigermaßen verdächtig ist: denn er paßt genau zu dem ängstlichen Drang zu Mäßigung und Integration, der auf fast schon rührende Art das ganze Buch durchzieht. Doch beruht bei Daniel und Baudry die mangelhafte Analyse des Verhältnisses von Homosexualität und Politik nicht so sehr auf ihren fragwürdigen politischen Ansichten, als vielmehr auf ihren fragwürdigen Ansichten über die Homosexualität. So geht aus ihrem Buch – jedenfalls implizit – hervor, daß ein Homosexueller andere Homosexuelle liebt und begehrt. Doch in Wahrheit liegen die Dinge ganz anders: im allgemeinen (d. h. in der überwältigenden Mehrzahl der Fälle – jedenfalls in den Mittelmeerländern) liebt und begehrt er einen Heterosexuellen, der zu einer homosexuellen Erfahrung bereit ist, dessen Heterosexualität jedoch nicht im geringsten in Frage stehen darf. Er muß »Mann« sein. (Daher kommt es auch, daß ein Heterosexueller kaum Feindseligkeit auf sich zieht, wenn er sich aus reiner Neugier, um sich auszutoben, auf ein homosexuelles Erlebnis einläßt; denn das bestätigt ja gerade seine Heterosexualität.) Als einziges politisch bedeutsames Faktum heben Daniel und Baudry hervor, daß die Homosexualität nicht nur unter den Reichen und bei der Bourgeoisie verbreitet ist, sondern auch unter den Arbeitern und den Armen; woraus sich folgern läßt, daß sie etwas klassenunabhängig Universelles ist. Das ist nicht ganz unbedeutend, denn sie wird so – vom Standpunkt der Klasse her – zu einem allumfassenden und deshalb unausweichlichen Problem. Ein Marxismus, der das nicht wahrhaben will oder sich daran vorbeidrückt – und dies womöglich aus Verachtung –, ist nicht weniger gefährlich als jener Faschist, der im französischen Parlament vorschlug, die Homosexualität als »soziale Kalamität« zu definieren. Doch darum geht es eigentlich gar nicht. Den »politischen Aspekt« der Homosexualität muß man anderswo suchen, mag er auch an der äußersten Grenze des öffentlichen Lebens liegen. Ich will das an zwei Beispielen klarmachen: die Liebesbeziehung von Maurice und Alec in dem großartigen Roman von Forster aus dem Jahre 1914 und die Liebe zwischen dem Arbeiter und dem Schuljungen in einer ebenso großartigen (leider unveröffentlichten) Erzählung von Saba.

Im ersteren Fall erlebt Maurice, ein Mann aus der englischen Großbourgeoisie, in der Liebe, die ihm der »Körper« des jungen Dieners Alec gibt, eine einzigartige Erfahrung: er lernt darin die andere gesellschaftliche Klasse kennen. Und ebenso, im umgekehrten Sinne, der Arbeiter im Triestiner Schuljungen. Klassenbewußtsein allein reicht nicht aus, wenn es nicht durch »Klassenkenntnis« vervollständigt ist (wie ich vor Jahren in einem meiner Gedichte gesagt habe). Doch ganz abgesehen von diesem Austausch von »Klassenkenntnis«, der so nützlich und dabei doch so geheimnisvoll ist und der für meine Begriffe – und vielleicht nur für meine Begriffe – eine solch überragende Bedeutung hat; abgesehen davon möchte ich dem Interklassismus von Daniel und Baudry, den ich als universell bezeichnet habe, folgenden Satz Lenins (nach 1917) über die Juden entgegenhalten: »Die Mehrzahl der Juden sind Arbeiter und Werktätige. Sie sind unsere Brüder, die genau wie wir vom Kapital unterdrückt sind, sie sind unsere Genossen ... Die reichen Juden sind wie unsere Reichen ... sie unterdrücken die Arbeiter, sie rauben sie aus und säen Zwietracht unter ihnen.« Wenn man den Homosexuellen tatsächlich wieder einen Platz in der »Normalität« geben will, dann wüßte ich keinen besseren Weg als den, der von Lenin am Beispiel der Juden aufgezeigt wird; und der hat seinen *Ausgangspunkt* nun gewiß nicht in einer Perspektive toleranten Zusammenlebens. Im übrigen scheinen Daniel und Baudry ausgerechnet die erhabenste Antwort vergessen zu haben, die ein Homosexueller auf das schleichende und barbarische Pogrom der sogenannten »Normalen« gab: ich meine den Selbstmord des homosexuellen Protagonisten im ›Weißbuch‹ von Cocteau, der sich das Leben nahm, als er sah, daß es für einen Menschen unerträglich ist, *ertragen zu werden*.

Fragment

In meinem ganzen Leben habe ich nie einen Akt der Gewalt ausgeübt. Nicht etwa, weil ich fanatisch für die Gewaltlosigkeit wäre. Auch die kann zur Gewalt werden, nämlich dann, wenn sie eine Form ideologischer Selbstbezwingung ist. Ich habe nie in meinem Leben irgendeine Form körperlicher oder moralischer Gewalt ausgeübt, weil ich einfach nach meiner Natur, das heißt nach meiner Kultur gelebt habe.

Es gibt eine einzige Ausnahme. Und darüber will ich reden. Sie hat sich vor etwa zehn Jahren abgespielt. Ich war zu einer Diskussion im Studentenhaus von Rom eingeladen. Unterwegs – es war gegen Abend – wurde ich von einer Gruppe von Faschisten angegriffen. (Damals war das noch kein alltägliches, nicht einmal ein häufiges Phänomen.) Sie schütteten eine Dose Schminkpulver über mir aus und fingen an, handgreiflich zu werden und Beleidigungen auszustoßen. Ich war mit einigen jungen Freunden zusammen – und es war vor allem die gegen sie verübte Gewalt, die mich in Rage brachte. Wir reagierten ebenso gewalttätig, so daß die Anderen schließlich den Rückzug antraten. Ich machte mich an die Verfolgung des Aggressivsten aus der Gruppe, über einen Kilometer rannten wir durch den Stadtteil von San Lorenzo hintereinander her. Als ich ihn fast eingeholt hatte, sprang er auf eine Straßenbahn auf, in die auch ich, trotz der Fußtritte, die er mir von oben herab versetzte, gerade noch hineingelangte. Der andere ergriff von neuem die Flucht und sprang aus dem vorderen Ausgang der Straßenbahn hinaus. Was ich dann auch gemacht habe. Und weiter ging die rasende Jagd durch San Lorenzo, bis er schließlich in einer Garage verschwand, wo ich ihn aus den Augen verlor, da er sich offenbar durch eine kleine Tür auf der Hinterseite verdrückt hatte. An diesem Punkt jedoch hätte ich wahrscheinlich, auch wenn ich ihn gekriegt hätte, gar nichts mehr gemacht. Die blinde Wut in mir hatte sich bereits gelegt. Es war das erste und einzige Mal in meinem Leben, daß ich einer solchen blinden Wut nachgegeben habe. Doch die Empörung, die jener armselige Faschist vor zehn Jahren in mir ausgelöst hatte, ist nichts gegen die Empörung, zu der mich in diesen Tagen der Artikel eines angeblichen Antifaschisten brachte: es handelt sich um den stellvertretenden Chefredakteur der ›Stampa‹, Casalegno.

In einem Artikel, in dem er die übelsten »journalistischen« Gemeinplätze versammelt, die bereits für die Ironie Dostojewskis im Jahr 1869 zu abgedroschen gewesen wären, polemisiert er gegen mich, Moravia, Parise und Pannella anläßlich unserer Diskussion über den Film ›Fascista‹ von Nico Naldini (in der von ›Panorama‹ organisierten Diskussionsrunde saß unter anderem auch Riccardo Lombardi: aber Lombardi ist Politiker, kein Schriftsteller, und somit bleibt er ungeschoren).

Casalegnos Artikel ist in der ›Stampa‹ vom 22. Oktober 1974 erschienen. Er ist also inzwischen schon alt. Wenn ich darauf zurückkomme, so deshalb, weil mir die Sache noch nicht abgeschlossen scheint.

Der Angriff von Casalegno gegen mich stützt sich auf zwei Punkte:

a) Die Intellektuellen sind »Verräter«, denn sie spielen »mit den Ideen und Fakten aus persönlicher Eitelkeit, Snobismus, Erfolgssucht, aus Angst, den Anschluß an die letzte Mode zu verpassen«.

b) Ich hätte »Sehnsucht nach einer Vergangenheit, die unter anderem auch schwarz getönt war«, und Almirante hätte es an jenem runden Tisch »nicht besser sagen können als ich«.

Da sich der erste Punkt auf die Intellektuellen im allgemeinen bezieht, während der zweite speziell mich betrifft und deshalb – zumindest dem Anschein nach – weniger wichtig ist, will ich mit dem letzteren beginnen, wobei ich mich allerdings auf wenige Zeilen beschränken werde.

Zu seinen extremen Schlüssen ist Casalegno offensichtlich gelangt, ohne je irgend etwas von dem gelesen zu haben, was ich in dieser Hinsicht an »Skandalösem« geschrieben habe. Klar, er hat sich an das gehalten, was irgendwelche infamen und gefährlichen Schwachköpfe – unter denen sich offenbar Freunde von ihm befinden – daraus gemacht haben. Diese verzerrende Vereinfachung, die mir gegenüber einen unzweifelhaft rassistischen Einschlag hat, war eine Zeitlang ziemlich verbreitet; doch sie mußte zwangsläufig recht bald jeden Boden verlieren; ebenso zwangsläufig nistete sie sich allerdings in den übelsten Kreisen und in den übelsten Köpfen ein.

All das, was ich an »Skandalösem« über den alten und den neuen Faschismus gesagt habe, ist genau so antifaschistisch, wie man *wirklich* antifaschistisch sein kann. Das ist inzwischen jedem klar geworden. Trotzdem ist es möglich, daß irgendwer aus tiefverwurzeltem Zorn, aus politischem Interesse oder schlicht aus Dummheit im Mißverständnis verharrt. Gut, doch an diesem Punkt frag ich mich, ob der Betreffende sich das nicht etwas genauer überlegen sollte, bevor er mich mit dem furchtbaren Verdacht, wenn auch noch so schwacher, faschistischer Sympathien bewirft: heute, wo eine derartige Verdächtigung den Betroffenen in ein Licht bringt, wo er nicht mehr so sehr mit der lächerlichen Szenerie der Putschs als vielmehr mit derjenigen der Bombenanschläge und Menschenmassaker in Verbindung gebracht wird.

Allenfalls ein Provokateur, ein Spitzel, ein Lump oder ein Wahnsinniger kann es heutzutage wagen, jemanden auch nur mit dem leisesten Verdacht einer »Sehnsucht nach einer schwarz getönten Vergangenheit« zu bewerfen. Ich will Casalegno zuliebe hoffen, daß er mich schlicht aus Ignoranz zum »Freiwild der Lynchjustiz« gemacht hat, daß er sich einfach nicht klar war, was er da getan hat. Daß es sich da lediglich um den Automatismus eines – wenn auch servilen – Berufs handelt.

Ich werde auf diesen zweiten »Punkt« weiter unten zurückkommen, um ihn in einen allgemeineren Rahmen zu stellen. Und damit komme ich zu Punkt eins.

Hier gibt es zwei Bemerkungen zu machen:

a) Casalegno kann nur deshalb eine so schlechte Meinung über die inneren Beweggründe haben, die einen Intellektuellen dazu bringen, sich um politische Probleme zu kümmern, weil er die Arbeiten dieser Intellektuellen nicht kennt; und er kann sie nicht kennen, weil er sie nicht kennen will; und er will sie nicht kennen, weil er ein Bourgeois ist, der die Intellektuellen haßt. Es würde genügen, wenn er – endlich einmal mit einer gewissen »Liebe« zur Kultur – zwei Seiten von mir, von Moravia oder Parise läse, dann wäre er mit seiner apriorischen Verachtung wenigstens nicht mehr ganz so schnell bei der Hand. b) (und als Folge daraus): die »persönliche Eitelkeit«, der »Snobismus« und die geile »Erfolgssucht«, die Casalegno uns Intellektuellen zuschreibt, sind – technisch gesprochen – schlicht und einfach *Unterstellungen*.

Es ist leicht, jemand mit unterschwelligen Anspielungen zu diskreditieren und ihn durch *Unterstellungen* zu vernichten (um so mehr, als das Publikum stets freudig Beifall spendet, wenn es gegen den *Kultursumpf* geht). So könnte ich z. B. die »Technik der Unterstellungen« sehr leicht gegen Casalegno umdrehen. Ich könnte mich – völlig logisch – zunächst einmal fragen: Was macht Casalegno eigentlich bei der ›Stampa‹, deren Chefredakteur ein wirklich respektabler Mensch ist und für die viele meiner besten Freunde arbeiten, von Soldati bis zur Ginzburg, von Siciliano bis zu Pestelli? Was macht Casalegno bei der ›Stampa‹, die sich seit nunmehr über zwanzig Jahren immer so positiv über meine Arbeiten ausspricht, die doch letztlich das einzig Entscheidende sind, wenn man die wirklichen Gründe herausfinden will, die einen Schriftsteller dazu bringen, sich auch außerhalb seines eigentlichen Gebiets zu engagieren? Und diese Fragen könnte ich mir eben wieder mit einer *Unterstellung* beantworten: Casalegno ist bei der ›Stampa‹, um sie nach rechts, für die übelste piemontesische Bourgeoisie offen zu halten, er ist eine Art »Wachhund« – nicht so sehr für die Geldgeber – als für die »von den Geldgebern Abhängigen«. Gewiß, diese *Unterstellung* ist so ungerecht wie alle *Unterstellungen*. Aber dennoch nicht völlig unlogisch, so wie es nicht völlig unlogisch ist, daß in einem Intellektuellen ein gewisses Quantum an Snobismus und Liebe zum Erfolg stecken könnte: Begleiterscheinungen seines Ehrgeizes, die jedoch an dem, was er sagt, nichts ändern können.

Der Ordnungsmann Casalegno (und damit komme ich zu allgemeineren Überlegungen) ist von zwei Syndromen befallen, die mit das Übelste sind, wovon heute die italienische Bourgeoisie geprägt ist. Das eine ist der Haß auf die Kultur, der sie jederzeit in das Geschrei über den »Verrat am Geist« ausbrechen läßt: was die Vertreter des »Kultursumpfes« zu ewigen »Schmierfinken« und Kandidaten für die Lynchjustiz macht. Schließlich sind sie es doch, die schuld sind an der erschreckenden ökonomischen Lage Italiens; die schuld sind an der bedrohlichen Rezession in einer verarmten Welt, in der jene Werte zerbrochen sind, die einst für die Armut entschädigten; die schuld sind am Verfall der Städte und an der Umweltzerstörung; die schuld daran sind, wenn die versäumte Planung der »Entwicklung« in eine ökologische Katastrophe führt; sie sind schuld an der Vetternwirtschaft und letztlich auch an der kriminellen Politik der DC. Sicherlich, denn die Schuld kann ja gewiß nicht bei jenen Männern der Macht liegen, die Casalegno mit solchem Eifer verteidigt.

Das andere, beschämende Syndrom, dem Casalegno auch nicht das geringste Maß an aufrechtem Verhalten entgegenzusetzen wußte, besteht in der unter den Italienern grassierenden Manie, sich ständig gegenseitig als Faschisten zu beschimpfen. Möglicherweise liegt darin eine große Wahrheit. Aber im konkreten Einzelfall ist eine derartige Anschuldigung kriminell. Wie ich bereits sagte, werden dadurch Mitverantwortlichkeiten für verbrecherische Akte und – mehr noch – für Menschenmassaker geschaffen.

Das, schlicht und einfach, sind die Gründe für meine Empörung gegenüber Casalegno, der zum zweiten Mal in meinem Leben so etwas wie Gewalt in mir hat hochkommen lassen.

Man braucht sich natürlich nicht darüber zu wundern, daß die Zeitung ›Il Popolo‹ sogleich die Verteidigung Casalegnos gegen einen Vertreter des »Kultursumpfs« ergriffen und dabei letzteren – auch nicht verwunderlich – als Faschisten bezeichnet hat. Doch im Hinblick auf das, was man als notwendige und geradezu christliche Gewalt bezeichnen könnte, sollten die Geldgeber und Mitarbeiter des ›Popolo‹ aufpassen: ihre Waren und ihre Worte bieten sie nirgendwo anders als auf den Tischen des Tempels feil.

Nachwort

Am 5. März 1922 wird Pier Paolo Pasolini in Bologna geboren als erstes Kind einer gutbürgerlichen und bildungsbewußten, aber in sehr bescheidenen Verhältnissen lebenden Familie. Der Vater, Carlo Pasolini, Berufsoffizier, stammt aus alter ravennatischer Familie, die Mutter, Susanna Colussi, ist Lehrerin aus Casarsa in Friaul.

Das Militärleben zwingt zu häufigem Ortswechsel, die Familie zieht zwischen 1922 und 1940 zehnmal um und wohnt in verschiedenen oberitalienischen Städten. Dem Kind werden dadurch feste Freundschaften erschwert, die Bindung an die Familie, besonders an die Mutter und den jüngeren Bruder, wird um so intensiver. Nur Casarsa, wo die Familie aus erzwungener Sparsamkeit die jährliche »villeggiatura« verbringt, ist für den jungen Pasolini eine Art Heimatort.

Pasolini beschreibt sich später als »ungewöhnlich kapriziöses, wahrscheinlich neurotisches, aber gutartiges Kind« mit »einer verzweifelten Liebe zur Mutter wie in meinem ganzen späteren Leben«.[1] Die Liebe zur Mutter verbindet sich mit sprachlich-literarischen Urerlebnissen: »Sie erzählte mir Geschichten, sie las mir vor, sie war eine Art Sokrates für mich. Sie hatte ein zweifellos idealistisches und idealisierendes Weltbild. Sie glaubte wirklich an Heroismus, an Barmherzigkeit, Frömmigkeit, Güte. Ich habe all das geradezu krankhaft in mich aufgesogen.«[2] An anderer Stelle: »Geheimnisvoll legte sie mir eines schönen Tages ein Gedicht vor, ein Sonett, das sie selbst gedichtet hatte und das eine Liebeserklärung an mich war. Wenige Tage später schrieb ich meine ersten Verse, in denen von ›Nachtigall‹ und ›Grün‹ die Rede war (...). Von da schrieb ich ganze Bände voll Gedichte«.[3]

Die literarischen Liebesbeweise des Kindes werden ernstgenommen, vor allem vom Vater: »Er war ein leidenschaftlicher, sinnlicher, gewalttätiger Mensch, der in Libyen gestrandet war, ohne einen Pfennig. Daher ging er zum Militär, wo ihn Repres-

[1] Zit. im Vorwort zu Pasolini, ›Poesie‹, Mailand 1970.
[2] Zit. in Pasolini: ›cronaca giudiziaria, persecuzione, morte‹, Mailand 1977.
[3] Zit. im Vorwort zu Pasolini, ›Poesie‹, Mailand 1970.

sion und Anpassung zu einem völligen Konformisten machten. Er setzte alle Hoffnungen auf mich, auf meine literarische Karriere, von dem Moment an, als ich als Siebenjähriger mein erstes Gedicht schrieb. Der gute Mann: Er hat die Lorbeeren vorausgesehen, aber nichts geahnt von all den Demütigungen, die damit verbunden sein sollten.«[4]

Pasolini macht 1940 in Bologna das Abitur, studiert dort Literatur und Kunstgeschichte, promoviert 1945 über Pascoli, einen Lyriker der Jahrhundertwende, in manchem ein Vorläufer Pasolinis, etwa dem »Plurilinguismus«, der Verwendung von gesprochener Sprache und Lautimitation.

1942 gibt der Zwanzigjährige auf eigene Kosten seinen ersten Gedichtband heraus, ›Poesie a Casarsa‹, preziöse Gedichte im friaulischen Dialekt, der Muttersprache. Zur überschwenglichen Freude Pasolinis werden die Gedichte vom renommierten Literaturkritiker Gianfranco Contini lobend rezensiert.

1943, nach dem Waffenstillstand im September, zieht Pasolini mit Mutter und Bruder nach Casarsa, wo er nach dem Krieg als Lehrer arbeiten wird. Mit Freunden gründet er im Februar 1945 die ›Academiuta de lenga furlana‹, die Akademie für friaulische Sprache und Kultur, eine Studiengruppe, zu der Studenten, Handwerker, Bauern gehören. Die Gruppe gibt kleine Publikationen heraus mit Erzählungen, Aufsätzen, Gedichten, vorwiegend im friaulischen Dialekt, u. a. mit Dialektübertragungen von Gedichten Rimbauds, Verlaines, T. S. Eliots. Dialektpflege also weniger volkstümelnd als experimentierend, als Entdekkung einer Sondersprache – Friaulisch ist sprachwissenschaftlich eine eigenständige Sprache –, als Dichtung mit Worten, die »immer nur Klang gewesen waren«.

Pasolini tritt 1947 unter dem Eindruck der Landbesetzungen durch die friaulischen Bauern in die KPI ein, wird Sekretär der Sektion San Giovanni in Casarsa, liest Marx und Gramsci, nimmt als Delegierter an zwei antifaschistischen Kongressen teil (Paris, Budapest). Literarischen Ausdruck findet diese (einzige) Phase aktiver politischer Arbeit in später veröffentlichten Arbeiten, dem Gedichtband ›L'usignolo della Chiesa Cattolica‹ (Die Nachtigall der Katholischen Kirche) 1958 mit dem Schlußge-

[4] Zit. im Vorwort zu Pasolini, ›Poesie‹, Mailand 1970.

dicht ›La scoperta di Marx‹ (Die Entdeckung von Marx) und dem erst 1962 veröffentlichten Roman ›Il sogno di una cosa‹ (Der Traum von einer Sache), dessen Titel sich auf ein Marx-Zitat bezieht: »Es wird sich zeigen, daß die Welt längst den Traum von einer Sache besitzt, von der sie nur das Bewußtsein besitzen muß, um sie zu verwirklichen.« (Brief an Ruge, Sept. 1843) Am Schicksal einiger junger Leute aus Friaul werden die sozialen Unruhen von 1947/48 beschrieben: Arbeitslosigkeit, Demonstrationen, Haus- und Landbesetzungen, Emigration als scheinbarer Ausweg.

Pasolini hat in allen späteren Arbeiten versucht, dieses »Bewußtsein von einer Sache« zu fördern, zu provozieren – ohne je die »Sache« programmatisch, orthodox zu postulieren; eine Haltung, die ihn schon 1948 nicht nur sehr schnell zum Feind der lokalen Christdemokraten werden läßt, sondern ihn auch vielen Parteigenossen suspekt macht – siehe dazu das Vorwort von Maria-Antonietta Macciocchi.

1949 wird Pasolini aus der Partei ausgeschlossen. Das lebenslange Trauma des demütigenden Verfahrens erklärt sich zusätzlich im Lichte eines früheren traumatischen Erlebnisses, der Ermordung des 18jährigen Bruders Guido. Tito-Partisanen hatten die chaotische Lage nach dem September 1943 benutzt, um Teile Friauls für Jugoslawien zurückzugewinnen und wurden dabei teilweise von italienischen Kommunisten unterstützt. In den letzten Kriegstagen wurde der Bruder als »weißer« Partisan, als Mitglied einer ›Giustizia e libertà‹-Brigade von »roten« Partisanen erschlagen. Pasolinis Eintritt in die Partei war daher – auf persönlicher Ebene – ein Akt der Versöhnung, was ihm die Partei belohnte, indem sie ihn als »Jugendverderber« und »dekadenten Schriftsteller« brandmarkte.

Pasolini »flieht« nach eigenen Angaben mit der Mutter nach Rom. »Ich war arbeitslos, reduziert auf einen Zustand totaler Verzweiflung, ich hätte dabei genauso gut zugrunde gehen können.«[5] Die beiden leben zuerst in Rebibbia, einem der ärmsten Vororte Roms, die Mutter arbeitet als Hausangestellte; der Vater kommt erst 1952 nach. Pasolini findet nach längerer Arbeitslosigkeit mit Hilfe befreundeter Schriftsteller eine Stelle als Hilfs-

[5] Zit. in ›Ritratti su misura di scrittori italiani, a cura di Accroca‹, Venedig 1960.

lehrer an einer kirchlichen Privatschule in Ciampino, später dann, durch Vermittlung Bassanis, Arbeitsmöglichkeiten in Cinecittà als Drehbuchautor (Mitwirkung u. a. bei ›La notte brava‹, ›Morte di un amico‹, ›Una vita violenta‹) und als Dialektspezialist (z. B. ›Le notte di Cabiria‹). Nebenher entstehen Anthologien und literaturwissenschaftliche Arbeiten vorwiegend über dialektale Dichtung, die Pasolini auch als Philologen bekannt machen, Aufsätze, die 1960 in ›Passione e ideologia‹ zusammengefaßt werden. 1954 erscheint der Gedichtband ›La meglio gioventù‹. Dialektgedichte von 1941–1953. Ab 1950 Arbeit am 1955 veröffentlichten Roman ›Ragazzi di vita‹, Mitarbeit an Zeitschriften wie ›Paragone‹ und ab 1955 zusammen mit Fortini, Roversi und Leonetti Herausgeber der Gramsci-orientierten Kulturzeitschrift ›Officina‹, deren Ziel eine Verbindung von Marxismus und Avantgarde war, ein »realistischer« Avantgardismus, und damit der Versuch, den marxistischen Schematismus der 50er Jahre zu überwinden. Eine Diskussion, die sich in den frühen 60er Jahren in den Auseinandersetzungen zwischen Pasolini/Moravia und den »zornigen jungen Männern« (Sanguineti, Balestrini) der ›gruppo 63‹ fortsetzen sollte. Zu Pasolinis damaligem Freundeskreis gehören vor allem Moravia, Elsa Morante, C. E. Gadda, Bertolucci, Paolo Volponi. In diese Zeit fällt auch die Bekanntschaft mit dem Verleger Garzanti, der ihm ein monatliches Gehalt zusichert.

Die 50er Jahre sind Pasolinis entscheidende und fruchtbarste literarische Phase, sie sind Ausdruck seines enormen Überlebens- und Selbstdarstellungswillens nach der Katastrophe in Casarsa, die brutal seine »bürgerliche« Existenz und seine politische Arbeit unterbunden hatte. Kurz nach der Ankunft in Rom schreibt er an eine Freundin in Bologna: »(...) Ich will Dir nur sagen, daß ich weder jetzt noch in Zukunft Schamgefühle haben werde, wenn ich von mir spreche. Ich werde mich sogar öffentlich an den Pranger stellen müssen, weil ich einfach niemand mehr belügen will, so wie ich im Grunde Dich und die anderen belogen habe. (...) Schluß mit den Halbwahrheiten, man muß sich dem Skandal stellen.«[6] Schrittweise entwickelt er aus dieser

[6] Brief an Silvana Ottieri, Auszug in Pasolini: ›cronaca giudiziaria, persecuzione, morte‹, Mailand 1977, S. 50f.

persönlichen Spannung sein dichterisches, philologisches, cineastisches und journalistisches Werk, das immer, bis in die Wortwahl, z. B. die antithetische Begriffsbildung, bestimmt ist vom Zwang, Gegenpositionen zu polarisieren, die eigene Andersartigkeit in nichtbürgerlichen Schichten und Positionen widerzuspiegeln, zum Dialog über »Andersartigkeit« zu provozieren.

Außenseitertum und Armut zwingen Pasolini, zumindest in den ersten Jahren in Rom, außerhalb der bürgerlichen Gesellschaft zu leben, im sinnlichen Kontakt mit dem römischen Subproletariat, eine Erfahrung, die er – der Angeklagte wird zum Ankläger – gegen das Bürgertum wendet: Archaische »Unschuld«, Armut, Sinnlichkeit, Religiosität gegen bürgerliche Heuchelei, Blässe. Die römischen Vorstädte werden für Pasolini das »neue Casarsa«, die Reinkarnation des bäuerlichen Friauls, die Entdeckung eines noch halb bäuerlichen Proletariats mit eigener Sprache und Kultur. Die Protagonisten seiner ersten Romane ›Ragazzi di vita‹ 1955 und ›Una vita violenta‹ 1958 sowie seine ersten Filme ›Accatone‹ 1961, ›Mamma Roma‹ 1962 und ›La Ricotta‹ 1963 sprechen den »gergo romano«, den römischen Slang, sind halbkriminelle Typen aus den Vorstädten, tragische Volkshelden (wenn auch keine »positiven«, was ihm die kommunistische Kritik besonders übelnehmen wird). »Naturhaftigkeit« ist in Rom nicht mehr die christlich gefärbte Bukolik Friauls, sondern eine sinnlich-unsentimentale Machismo-Welt, in der »Egoismus legitime und männliche Formen annimmt«, wo »die Beziehungen immer klar definiert sind und auf konkreten Tatsachen aufbauen, von der Muskelkraft bis zur sozialen Stellung.«[7]

Neben dem provozierenden Realismus der beiden Romane (die Pasolini die ersten großen literarischen Erfolge, aber auch die ersten »Pornografie«-Prozesse einbringen) stehen die klassizistischen Verse des Gedichtbandes ›Ceneri di Gramsci‹ (Die Asche von Gramsci) 1957, ein einzigartiges Beispiel gesellschaftskritischer italienischer Lyrik. Die Gedichte behandeln Pasolinis neuen Realitätsbezug, seine Liebe zu Rom, der »stupenda e miserabile città«, sein Verhältnis zur Arbeiterbewegung, zur KPI, zugespitzt in dem Dialog mit dem toten Gramsci: »Der

[7] Ebenda, S. 58f.

Skandal, mir selbst zu widersprechen, mit dir / und gegen dich zu sein; mit dir im Herzen / im Licht, gegen dich in den Tiefen meines Körpers / (...) angezogen von einem proletarischen Leben / das vor dir da war; für mich / ist seine Heiterkeit wie eine Religion, nicht sein tausendjähriger / Kampf: seine Natur, nicht sein Bewußtsein.«

Auch die späteren Gedichtbände ›La religione del mio tempo‹ (Die Religion meiner Zeit) 1961, ›Poesia in forma di rosa‹ (Rosenförmige Dichtung) 1964 und ›Trasumanar e organizzar‹ (etwa: Vergeistigen und organisieren) 1971 sind eine Verbindung von Lyrik und Polemik, Poesie und Prosa, Tagebuch, »Arbeitsjournal« und politischer Stellungnahme.

Thematisch neu ist in den Gedichten der 60er Jahre die persönliche Entdeckung der Dritten Welt, der afrikanischen und asiatischen Völker, die für Pasolini – in der Phase des Wirtschaftsbooms und der damit einsetzenden Verbürgerlichung des bäuerlichen und subproletarischen Italiens – noch einmal jene Prähistorie, jenes »Zeitalter des Brotes« verkörpern, das für Pasolini bis zuletzt Utopie ist. Als eine romantische Vision beschreibt er in einem Gedicht aus ›Poesia in forma di rosa‹ die Landung nordafrikanischer Stämme in Süditalien, mit »Großmüttern und Eseln«, mit »Kindern und Brot und Käse«. Zusammen mit den Kalabresen, »den alten Brüdern«, ziehen sie nach Rom: »Sie werden Rom zerstören / und auf seinen Ruinen / den Samen der Alten Geschichte säen / Dann werden sie mit dem Papst und allen Sakramenten / wie Zigeuner / nach Westen und Norden ziehen / mit den roten Fahnen / Trotzkis im Wind...« (›Profezia‹ 1964)

Wenige Jahre später – die neue Linke ist gerade dabei, die Dritte Welt als »revolutionäres Potential« zu entdecken – nimmt Pasolini den Traum zurück: »Die farbigen Bauern erwarten eine neue Zukunft, die sie in erster Linie aus prähistorischen in historische Bauern verwandeln soll, und dann von historischen Bauern in Kleinbürger. Genau das ist die graue, enttäuschende, schleichende Wahrheit.«[8]

Die »unschuldigen« Völker, die bäuerlichen, quasi vorchristlichen Kulturen, die jahrtausende lang politische und kulturelle

[8] Ferdinado Camon, ›Il mestiere di scrittore‹, Mailand 1973, S. 152.

Fremdherrschaft überlebt haben, erscheinen ihm jetzt in Gefahr, innerhalb weniger Jahre zu verschwinden, Opfer zu werden eines rapiden Angleichungsprozesses unter dem Diktat einer »gesichtslosen« neokapitalistischen und neokolonialistischen Supermacht, deren Endziel ein weltweites Konsumgüter-KZ ist. Der in denselben Jahren entstandene Entwurf zu einer neuen ›Divina Commedia‹, der ›Divina Mimesis‹ (Göttliche Nachahmung), in der Pasolini in Begleitung seines jüngeren Ichs in eine bürgerliche Höllenwelt des Konformismus, des Hasses und der Verkümmerung hinabsteigt, variiert das Thema: »Ich habe mir in den Kopf gesetzt, eine Hölle zu beschreiben, die schlichtweg schon von Hitler beschrieben worden ist.«[9]

Dieses zunehmend apokalyptische Weltbild ist von der Kritik mit Vorliebe als »Privatmythologie«, als Ausdruck persönlicher Homosexuellen-Problematik interpretiert worden, muß sich aber heute doch an den tatsächlichen ökologischen und kulturellen Zerstörungen messen lassen. Pasolini hat – unter dem Protestgeschrei hauptsächlich der Linken – mehrfach Thesen postuliert, die sich erst Jahre später unter den Linken durchsetzten, so etwa seine Einschätzung von 1968 oder die Warnungen vor den katastrophalen Nebenwirkungen eines hektischen Industrialisierungsprozesses. Pasolini erkennt im Laufe der 60er Jahre, daß unter den Bedingungen des Neokapitalismus die alte Vorstellung einer proletarischen Revolution »nur noch ein Gefühl« sei, daß sich der Marxismus tiefgehend wandeln müsse. Vor allem in den Diskussionen mit den Lesern der kommunistischen Wochenzeitschrift ›Vie nuove‹ taucht diese Forderung immer wieder auf. So schreibt er z.B., wie wütend es ihn mache, »zum tausendsten Male die alten Gemeinplätze und Marx-Zitate zu hören, so, als ob Marx bloß einer von vielen Lehrmeistern (Aristoteles) gewesen wäre und nicht einer der großen Erneuerer des menschlichen Denkens.« Ein Marxismus, der nicht endlich begreife, daß Neokapitalismus und Technokratie, Dritte Welt und Neokolonialismus, Atomwissenschaft und Raumfahrt völlig neue Voraussetzungen geschaffen hätten, bleibe in »Wahnvorstellungen« stecken.[10]

[9] Pasolini, ›La Divina Mimesis‹, Turin 1975, S. 38.
[10] Pasolini, ›Le belle bandiere‹, Rom 1977, S. 290ff.

Pasolini wendet sich in den 60er Jahren zunehmend dem Film zu, was nach eigenen Angaben nur Frage einer veränderten Technik ist, Poesie mit anderen Mitteln; Pasolini wechselt die Sprache, nicht den Diskurs. Der Film wird jedoch zur Entdekkung eines direkteren Realitätsbezugs, einer »Sprache, die die Realität schreibt«, durch die sich »Realität erst lesbar macht«.

Pasolini dreht zwischen 1961 und 1975 zwölf Spielfilme, darunter ›Das Matthäus-Evangelium‹ 1964, ›Große und kleine Vögel‹ 1966, ›Teorema‹ 1968, die ›Trilogie des Lebens‹ (Decamerone, Canterbury-Tales, 1001 Nacht) und 1975 ›Salò oder die 120 Tage von Sodom‹. Daneben Beiträge zu Episodenfilmen, z. B. ›La Ricotta‹ 1963 und mehrere Dokumentarfilme.

Neben theoretischen Schriften zum modernen Theater und Roman, Theaterstücken (›Affabulazione‹ 1970, ›Calderòn‹ 1973) und Drehbuchentwürfen, formuliert Pasolini in Essays und Interviews seine Gedanken zur ›Grammatik des Films‹, die 1972 zusammen mit linguistischen Aufsätzen im Sammelband ›Empirismo eretico‹ erscheinen.

Der Band erhält auch das berüchtigte Gedicht ›Il PCI ai giovani!!‹ (Die KPI der Jugend!!) von 1968, das eine Prügelei zwischen Demonstranten und Polizisten kommentiert: »...die Journalisten aus aller Welt / ... lecken euch den Arsch. Ich nicht, Freunde (...) / als ihr euch gestern ... geprügelt habt / mit der Polizei / habe ich mit den Polizisten sympathisiert! / Weil die Polizisten die Kinder armer Leute sind / (...) / gestern erlebten wir demnach ein Stück / Klassenkampf: und ihr, Freunde (obwohl auf der Seite der Vernunft) wart die Reichen / während die Polizisten (auf der Seite / des Unrechts) die Armen waren. Ein schöner Sieg also / den ihr da errungen habt!« 1968 nicht als Revolution, sondern als Krise des bürgerlichen Systems, als »Bürgerkrieg« zwischen alter und neuer Generation.

Mit dieser Polemik gegen die Revolutionsträume der 68er Generation, einer Polemik, die ihn zunehmend isoliert und zum »Reaktionär« abstempelt, beginnt die Reihe immer heftigerer »interventi«; Pasolini wird zum »Korsar«, der nach allen Seiten kämpft, vor allem nach links, gegen den »Konformismus« der etablierten Linken, gegen Vermischung von »Konsumismus« und Kommunismus, gegen den »hedonistischen Faschismus«.

Die in immer kürzeren Abständen erscheinenden Zeitungsartikel zwischen 1973 und 1975 – zusammengefaßt in ›Scritti corsari‹ (Freibeuterschriften) 1975 und ›Lettere luterane‹ (Lutherbriefe) 1976 – mit den Thesen zum »kulturellen Völkermord«, zur »anthropologischen Mutation« der Italiener, zur Jugendkriminalität (»Die ›Masse‹ der Jugendlichen ist eine ›Masse‹ von Halbkriminellen«)[11], mit den Vorschlägen, der Democrazia Cristiana wie den griechischen Obristen den Prozeß zu machen und sie dann zum Teufel zu jagen, das Fernsehen abzuschaffen und die Schulausbildung auf fünf Grundschuljahre zu reduzieren[12], sind der grandiose und verzweifelte Versuch, festgefahrene Positionen »zu entern«, mit einer ganzen Nation zu polemisieren, Massenmedien zu großen Diskussionsforen zu machen. Und sicher ist die Erschütterung, die Pasolinis Ermordung ausgelöst hat, Zeichen dafür, daß mehr als der skandalöse Tod – der einer von vielen Skandalen und Morden der letzten Jahre war – der Verlust eines nationalen Gewissens empfunden wurde.

Am 2. November 1975 findet man Pasolini in der Nähe von Ostia, brutal ermordet. Der am selben Tag festgenommene mutmaßliche Täter, der 17jährige Strichjunge Giuseppe Pelosi, wird im April 1976 zu neun Jahren Zuchthaus verurteilt, einer ungewöhnlich hohen Strafe für einen Homosexuellenmord in Italien. Der Verdacht, daß mehrere Täter an der Ermordung beteiligt gewesen sein müssen, kann durch den Prozeß nicht bestätigt werden.

Das nach Pasolinis Tod immer wieder beschworene Bild eines zwar genialen, aber völlig resignierten, seiner Zeit entfremdeten, in persönlichen Problemen festgefahrenen, selbstzerstörerischen Künstlers wird durch Selbstzeugnisse und Berichte von Freunden teilweise widerlegt. Sie lassen erkennen, daß Pasolinis eifernder Zorn, seine Todesmanie in den letzten Jahren möglicherweise nur eine von vielen Kampfpositionen war. Paolo Volponi, Schriftsteller und langjähriger Freund Pasolinis, berichtet von einem Gespräch im Herbst 1975, in dem Pasolini geäußert habe, er werde nach ›Salò‹ vorläufig aufhören zu filmen und nur noch schreiben, ja, er habe bereits mit einem 2000 Seiten Roman (Titel

[11] Pasolini, ›Lettere luterane‹, Turin 1976, S. 168.
[12] Ebenda, u. a. ›Bisognerebbe processare i gerarchi dc‹ und ›Due modeste proposte per eliminare la criminalità in Italia‹.

›Erdöl‹) begonnen, einem Gesellschaftsbild der letzten 20 Jahre. Außerdem hat Pasolini, nach Volponis Angaben, geplant, nach dem 60. Lebensjahr noch einmal eine ›Academiuta‹ auf dem Land zu gründen, um sich dort mit anderen dem Studium und der Erneuerung von Volkskultur zu widmen, einen Ansatz zu finden für ein neues Gesellschaftsmodell.[13]

Eines seiner letzten Gedichte ›Appunto per una poesia in terrone‹ (etwa: Entwurf zu einem Bauern-Gedicht) endet:

»Laßt uns *umkehren*, mit geballter Faust und von vorn anfangen. Ihr werdet dann nicht mehr vor bürgerlichen Mächten stehen, wie jetzt, vor Mächten, die scheinbar für alle Ewigkeit im Sattel sind. Es wird dann nicht mehr darum gehen, zu retten, was noch zu retten ist. Kein Kompromiß. Laßt uns umkehren. Es lebe die Armut. Es lebe der kommunistische Kampf für die lebensnotwendigen Dinge.«[14]

Agathe Haag

[13] Paolo Volponi, Pasolini, maestro e amico, in: ›Perché Pasolini, a cura di De Santi, Lenti, Rossini‹, Florenz 1978.

[14] Pasolini, ›La nuova gioventù‹, Turin 1975, S. 245.

Anmerkungen

Die »Sprache« der Haare: ›Corriere della Sera‹, 7. 1. 1973

1969
Der »heiße Herbst« 1969 war der Höhepunkt der Arbeitskämpfe, die sich unter dem Einfluß der Studentenbewegung in knapp zwei Jahren explosionsartig ausgeweitet hatten und zum ersten Mal die Arbeiter in *ganz* Italien vereinten, z. B. im Kampf um die Rentengesetze oder beim Abbau der regionalen Lohngruppen.

Gleichzeitig begann mit dem Bombenattentat von Mailand am 12. 12. 1969 eine Reihe von Anschlägen, politischen Morden, Sabotageakten, die durch die eilfertige Verhaftung von Anarchisten zuerst als »linker Terror« hingestellt werden konnten und zu einer zeitweiligen Verunsicherung der Arbeiterbewegung führten, vor allem zu einer Abgrenzung der KPI und der Gewerkschaften nach links. Nachforschungen linker Gruppen (›Lotta Continua‹, ›Manifesto‹), später auch bürgerlicher Blätter und der Staatsanwaltschaft wiesen schrittweise die neofaschistische Urheberschaft nach und deckten die Verflechtung mit immer höheren Stellen auf (Geheimdienst, Christdemokraten, Mafia, Heeresleitung, Nato, CIA). Ob diese Attentate und Putschversuche ernsthaft auf einen Staatsstreich nach griechischem Muster zielten oder ob es sich nur um eine umfassende Gegenreaktion und Verunsicherungsstrategie handelte, ist vorläufig schwer zu beantworten. Wichtigste Daten:
Dez. 1969 – Bombenattentat auf der Piazza Fontana in Mailand, 16 Tote, 86 Verwundete; Verhaftung Valpredas und Pinellis, der am 16. 12. aus dem 4. Stock des Polizeigebäudes ›stürzt‹.
Juli 1970 – Faschisten übernehmen teilweise die Führung bei der Revolte in Reggio-Calabria.
8. 12. 1970 – »Borghese-Putsch« in Rom: rund 1000 Neofaschisten wollen unter der Leitung des Kommandanten Valerio Borghese das Innenministerium besetzen. Der Putsch wird in letzter Minute abgeblasen.
1971–1974 Reihe von Attentaten u. a. Brescia 7 Tote, Italicus-Attentat 14 Tote.
1972 – erste Verhaftungen von Neofaschisten (Ventura, Rauti). – Die neofasch. Partei MSI erringt bei den Parlamentswahlen 8,7 %.
1973 – ein Neofaschist übergibt der Staatsanwaltschaft die Putschpläne der »Rosa dei venti« (Windrose), einer weitverzweigten Verschwörergruppe. Geplant ist u. a. die Ermordung von 1714 Politikern und Industriellen.
Okt. 1974 – Verhaftung des Geheimdienstchefs General Miceli; Anklage wegen »Staatsverschwörung« (Unterstützung des Borghese-Putschs). Querverbindungen zur obersten Heeresleitung und zur Regierung werden sichtbar. Folge: März 1975 – Miceli wird praktisch freigesprochen.

Gesicht von Merlino
Mario Merlino, Mitangeklagter im Valpreda-Prozeß; Anarchist zwischen links und rechts.

Die Intellektuellen 1968: ›Dramma‹; Antwort auf eine Umfrage, März 1974

Die erste, wahre Revolution...: ›Tempo illustrato‹, 15. 7. 1973

Alte und neue Kulturpolitik: ›Corriere della Sera‹, 9. 12. 1973

austerity
Staatliches Krisenprogramm in Italien, u. a. mit Lohnstopp.

Studie über die...: ›Corriere della Sera‹, 10. 6. 1974

Unità
Tageszeitung; offizielles Organ der Kommunistischen Partei

Sieg des Nein
Referendum vom 12. 5. 1974, »Scheidungsreferendum«
Das ital. Scheidungsgesetz vom 12. 12. 1970 ermöglicht die Scheidung, wenn die Ehepartner 5 Jahre getrennt gelebt haben oder wenn ein Ehepartner kriminell oder unzurechnungsfähig ist. Mit diesem Gesetz verlor die katholische Kirche ihr Scheidungsmonopol, weshalb rechtsgerichtete katholische Kreise 1970 sofort mit der Unterschriftensammlung für ein abrogatives Referendum begannen (1971: 1,3 Mio Unterschriften). Das Referendum vom 12. Mai 1974 wurde jedoch zum großen Sieg der laizistischen No-Front (No = Nein zur Abschaffung des Gesetzes). 59 % für die Beibehaltung des Gesetzes, 41 % für die Abschaffung und damit eine Minderheit für DC und Neofaschisten, die zur Abwahl aufgerufen hatten. Der »12. Maggio« wurde zum symbolischen Datum für die Linke, da zum ersten Mal in der Geschichte der ital. Republik der Appell an Katholizismus keinen Wahlsieg mehr gebracht hatte. Die KPI feierte den Wahlsieg als »Triumph der Freiheit«, obwohl sie aus taktischen Gründen gegen das Referendum gewesen war und die Gefahr eines *»Religionskrieges«* zwischen katholischen und kommunistischen Arbeitermassen beschworen hatte.

Bombenanschlag von Brescia
Siehe Anmerkung bei »Die ›Sprache‹ der Haare«.

Jugendliche der SAM
»Squadre d'Azione Mussolini« – neofaschistische jugendliche Schlägertrupps, die Anschläge auf linke Parteibüros und Partisanendenkmäler verübten.

Nachtrag zur ›Skizze‹...:›Mondo‹, 11. 7. 1974 (Interview)

Sowjetunion
Pasolinis Urteil über den Ostblock-Sozialismus fiel nicht immer so positiv aus. 1966 schrieb er z. B. in einem ›Paese-sera‹-Artikel:

»In der CSSR, in Ungarn und Rumänien habe ich während meines Aufenthaltes mitten unter Intellektuellen gelebt und deshalb an ihnen, an ihrer Unruhe, ihrem Elend die ganze Unruhe und das ganze Elend dieser Länder gespürt: Ich glaube, man kann, ganz summarisch und schematisch, die Ursache all dessen in der Tatsache sehen, daß »die Revolution tot ist«, d. h. daß der Staat nicht dezentralisiert, nicht abgestorben ist und daß die Fabrikarbeiter nicht wirklich an der Macht teilhaben und sie mitverantworten, sondern... von einer Bürokratie beherrscht werden, die nur noch dem Namen nach revolutionär ist.« (›Guerra civile‹, in ›Empirismo eretico‹ 1972)

Völkermord: Diskussionsbeitrag auf einem Fest der ›Unità‹ im Sommer 1974, frei gesprochen (Tonbandprotokoll). Übersetzt von Agathe Haag

Manifest
Pasolini bezieht sich wahrscheinlich auf folgende Stelle:
»Die Bourgeoisie reißt durch die rasche Verbesserung aller Produktionsinstrumente, durch die unendlich erleichterten Kommunikationen alle, auch die barbarischsten Nationen in die Zivilisation. Die wohlfeilen Preise ihrer Waren sind die schwere Artillerie, mit der sie alle chinesischen Mauern in den Grund schießt, mit der sie den hartnäckigsten Fremdenhaß der Barbaren zur Kapitulation zwingt. Sie zwingt alle Nationen, die Produktionsweise der Bourgeoisie sich anzueignen, wenn sie nicht zugrunde gehen wollen; sie zwingt sie, die sogenannte Zivilisation bei sich selbst einzuführen, d. h. Bourgeois zu werden. Mit einem Wort, sie schafft sich eine Welt nach ihrem Bilde.« (MEW 4, Berlin DDR 1971, S. 466)

Giorgio Napolitano
Mitglied des Sekretariats der KPI, Senator, Wirtschaftsexperte

›Göttliche Komödie‹
Gemeint ist wohl die ›Divina Mimesis‹, die 1975 bei Einaudi erschien, zusammen mit einem ›Fotogedicht‹, einer Art Fototagebuch der 50er Jahre ›Iconografia ingiallita‹ (Vergilbte Ikonografie).

Allerdings kein Werk der 70er Jahre, sondern ein Fragment aus den Jahren 1963–65, Zeit der Auseinandersetzungen mit der Gruppe 63. Für den Fragmentcharakter spricht ein Gedicht aus jener Zeit ›Progetto di opere future‹ 1964, nach dem Pasolini offenbar plante, fast alle literarischen Freunde und Feinde in der Bürger-Hölle anzusiedeln, was in der ›Divina Mimesis‹ nicht direkt der Fall ist.

Enge der Geschichte...: ›Paese sera‹, 8. 7. 1974. Übersetzt von Peter Kammerer.

Italo Calvino
Bedeutender Schriftsteller und Journalist; Lektor bei Einaudi. Entscheidend geprägt durch Krieg und Resistenza; nach dem Krieg Mitarbeit bei Vittorinis ›Il Politecnico‹ und bei der Turiner Ausgabe der ›Unità‹. Gehört wie Pasolini, Mo-

ravia, Sciascia, Ginzburg, Manganelli u. a. zu den Schriftstellern, die regelmäßig Beiträge für große Tageszeitungen schreiben, oft in Form polemischer Stellungnahme zu anderen Artikeln, wodurch die häufigen und sehr charakteristischen italienischen »Zeitungsdiskussionen« entstehen.

Verse
Am 5. 1. 1974 Veröffentlichung von 5 Gedichten (z. T. Dialektgedichten, die 1975 im Gedichtband »La nuova gioventù« im Schlußkapitel »Tetro entusiasmo« zusammengefaßt wurden) in der KPI-nahen römischen Tageszeitung ›Paese sera‹.

L'Espresso
linksliberale Wochenzeitschrift; der italienische ›Spiegel‹

Borghese
reaktionäre Zeitschrift

Ernesto de Martino
1908–1965, italienischer Ethnologe, Arbeiten vor allem über Religiosität und Todesrituale bei archaischen bäuerlichen Mittelmeerkulturen, insbesondere Kalabrien, Lukanien, Apulien. Werke: u. a. ›Morte e pianto rituale nel mondo archaico‹ 1958, ›La terra del rimorso‹ 1961

Felice Chilanti
KPI-naher Schriftsteller und Journalist, Verfasser von Romanen über die Resistenza.

Tullio de Mauro
italienischer Linguist

Der Faschismus der Antifaschisten: ›Corriere della Sera‹, 16. 7. 1974

Marco Pannella
Journalist, Mitbegründer und Symbolfigur der Radikalen Partei (Partito radicale), obwohl vorübergehend Mitglied der Sozialistischen Partei (1975/76). Abgeordneter der Radikalen seit 1976. Berühmt wegen seiner spektakulären politischen Aktionen: Hungerstreiks bis zu 90 Tagen (allerdings mehr »Fastenstreiks«, da ein Minimum an Nahrung, z. B. Milchkaffee mit Vitaminen), provozierte Verhaftungen (z. B. provozierte Verhaftung wegen öffentlichen und angekündigten Hasch-Rauchens auf der Piazza Fontana, die Anlaß zu einem liberalen Drogen-Gesetz wurde).

Pasolinis Artikel fiel mit der Unterbrechung des Fastenstreiks zusammen (18. 7. 74). Pannella wurde am 13. 7. von Leone empfangen, wenige Tage später konnte er ein Fernsehinterview geben, das er zu einer vehementen Attacke gegen das Regime machte. Pasolinis Artikel war jedoch der Beginn einer breiten Zeitungsdiskussion über den »Fall Pannella«. Vom 25. 7. führte Pannella den Streik weiter bis zum 12. 8. 74

Katholiken des ›Nein‹
Katholiken, die beim Referendum ein ›Nein‹ abgegeben hatten (d. h. für die Scheidung stimmten).

LID
»Lega italiana per l'istituzione del divorzio«, 1966 gegründet, überparteiliche Initiative für ein Scheidungsgesetz, zugleich Bindeglied zwischen Radikaler Partei (führende Rolle in der LID) und anderen laizistischen Gruppen und Parteien, hauptsächlich Sozialisten und Liberalen.

Dom Franzoni
Eine der prominentesten Figuren unter Italiens kritischen Katholiken; urspr. Abt eines Benediktinerklosters. Fing vor 10 Jahren an, neue Formen der Messe und der Gemeindearbeit zu erproben. Heute Autor und Redner in linken Christenzirkeln.

Il Messaggero
Römische Tageszeitung, im Besitz des halbstaatlichen Chemiekonzerns Montedison

Fumagalli
Führer der neofasch. Organisation MAR (Movimento azione revoluzionaria) Mai 1974 verhaftet wegen Raub und Erpressung

Radikale Partei
Wohl farbigste politische Gruppierung Italiens, die seit den Parlamentswahlen 76 zwar als eigenständige Partei auftritt und kandidiert, der Struktur nach aber eine Assoziation von Bürgerinitiativen geblieben ist. Im Moment gehören rund 20 Initiativen zur Partei, angefangen bei den ältesten Gruppen AIED (Geburtenregelung, gegr. 1955) und LID (Scheidungsinitiative, 1966) über die kombattante feministische MLD, die »revolutionäre Homosexuellenfront« FUORI! bis zu Gruppen wie BRAVA (Tierschutz-Initiative) und FRI (Behinderten-Initiative).

Der Assoziationscharakter zeigt sich vor allem in der horizontalen Struktur der Partei (die sich selbst oft als »Basis-Partei« oder »Service-Partei« bezeichnet –, der weitgehenden Autonomie der Initiativen und lokalen Gruppen, dem Verzicht auf Funktionäre, Parteiapparat und Parteifinanzierung durch den Staat.

Die Radikalen trennten sich 1955 als linksliberale Splittergruppe von der Liberalen Partei PLI und betrachteten sich (zumindest damals) als direkte Erben der Resistenza-Sammelpartei »Partito d'azione«.

Amerikanische Bürgerrechtsbewegung und Studentenbewegung machten die Partei zu dem, was sie heute noch ist: »partito di strada« mit den Kampfmethoden des gewaltlosen Widerstands (Protestmärsche, Sitz- und Hungerstreiks, Militärdienstverweigerung, Steuerverweigerung, Strafanzeigen, Selbstanzeigen, provozierten Verhaftungen).

Die Unterschriftensammlung für Referenden wurde in den 70er Jahren die zentrale Aufgabe der Partei: 1971 Anti-Konkordatsreferendum und 1974 ein

Sammelreferendum – in beiden Fällen kamen die notwendigen 500000 Unterschriften nicht zusammen. 1975 erreicht die Unterschriftensammlung für das abrogative Abtreibungs-Referendum mehr als 700000 Unterschriften, 1976 stellt die Partei zusammen mit FUORI! zum ersten Mal PR-Wahllisten auf und bekommt 1,1 % der Stimmen und damit 4 Parlamentssitze (Pannella, Emma Bonino, Adele Faccio, Mauro Mellini).

Diese vier Abgeordneten – »die rote Pfefferschote im Herzen der Linken« (Adele Faccio) – dürften die ersten Parlamentarier sein, denen Kollegen zutrauen, daß »sie sich nackt vor dem Parlament ausziehen« (L'Espresso 27/1976). Wenn das bisher auch (leider) nicht der Fall war, so profilierten sich die Vier doch als eine der wenigen durchgehend oppositionellen Stimmen gegenüber der immer geschlosseneren DC-KPI-Koalition. Die KPI tut sich schwer mit den Radikalen, versucht Pannella als »Hanswurst« oder »Schwulen« zu diffamieren und die Kampagnen als »Obstruktionspolitik« abzutun, mußte sich aber durch den letzten Erfolg der Radikalen – den überraschend hohen Anteil der »Ja«-Stimmen bei den Referenden über die Abschaffung der Polizeigesetze (Legge Reale) und der Parteienfinanzierung – die Angst vor der unberechenbaren Basis und damit auch vor einer »Basis-Partei« lehren lassen. Die kleine Partei (z. Z. rund 5000 Mitglieder, 1975 bei der Abtreibungskampagne erst knappe 1000) kann bisher u. a. folgende Erfolge verbuchen:

- entscheidenden Einfluß auf die Scheidungsgesetze 1970 und das Referendum 1974
- 1971 Aufhebung des Verbotes von Verhütungsmitteln
- 1973 Gesetz über Kriegsdienstverweigerung
- 1975 liberaleres Drogengesetz
- 1975–78 Liberalisierung der Abtreibung (zusammen mit der Frauenbewegung)
- 1976 Unterschriftensammlung für 8 Referenden, wovon allerdings nur zwei zur Abstimmung kommen. Die anderen werden durch Gesetzesänderung umgangen oder vom Verfassungsgericht abgelehnt.

Bemerkenswert ist auch, daß die Radikalen Witz, Phantasie, Happenings als politische Waffe einsetzen und damit eine der wenigen Gruppen sind, die den 68er Spontaneismus erhalten und weiterentwickelt haben.

Pasolinis Verbindung zu den Radikalen geht in die 60er Jahre zurück und konkretisierte sich, als er mit Pannella 1970 eine Weile pro forma die Leitung von ›Lotta continua‹ übernahm, um den Weiterbestand der Zeitung zu sichern. Pasolinis letzter Text war ein Redemanuskript für den Kongreß der Radikalen am 4. 11. 1975 – am 2. 11. wurde Pasolini ermordet (siehe auch Vorwort).

Parri-Sofri, Moro, Fanfani usw.

Führende Politiker der Christdemokraten (Moro, Segni, Fanfani), Sozialdemokraten (Pastore, Tanassi), Republikaner (Parri, La Malfa), Sozialisten (urspr. Saragat), die alle seit 1948 im Parlament sind und in verschiedenen Regierungen saßen.

Acht Referenden

Die italienische Verfassung ermöglicht Volksentscheide. Voraussetzung ist die Gründung einer Initiative, die innerhalb von 90 Tagen mindestens 500000 be-

glaubigte Unterschriften sammelt. Nach der Kontrolle der Unterschriften kann das Verfassungsgericht dem Begehren stattgeben und der Staatspräsident legt den Wahltermin zwischen dem 15. April und dem 15. Juni des folgenden Jahres fest. Das Referendum kann verhindert werden durch eine Änderung des anstehenden Gesetzes oder muß um 2 Jahre verschoben werden, falls zwischen Stimmensammlung und Abstimmung ein Regierungswechsel stattfindet.
Bisher 3 italienische Referenden:

1946 – R. über Abschaffung der Monarchie
1974 – R. über Abschaffung der Scheidungsgesetze
1978 – R. über Abschaffung von »legge reale« und Parteienfinanzierung (Überrest der 8 Referenden)

Der Koitus, die Abtreibung...: ›Corriere della Sera‹, 19. 1. 1975

Legalisierung der Abtreibung
Nach Angaben der WHO werden in Italien jährlich 1,5 Millionen fast ausschließlich illegale Abtreibungen vorgenommen; andere Schätzungen gehen bis zu 3 Millionen. Das bis vor kurzem geltende, aus dem Faschismus übernommene und nur wenig modifizierte Abtreibungsgesetz drohte bei Schwangerschaftsunterbrechung, d. h. bei einem »Verbrechen gegen die Integrität und Gesundheit der Rasse« mit Gefängnisstrafen bis zu 5 Jahren. Dieses Gesetz des faschistischen ›Codice Rocco‹ wurde zum Hauptangriffspunkt für die italienische Frauenbewegung. Während die UDI (Frauenunion der KPI) für eine Fristenlösung eintrat, kämpften die MLD (Frauengruppe der Radikalen Partei) und feministische Gruppen für eine Freigabe der Abtreibung. Seit 1971 diskutierte das Parlament die Abtreibungsfrage, wobei der Gesetzesentwurf des Sozialisten Loris Fortuna (Abtreibung bei Gefahr für Mutter oder Kind) Grundlage aller weiteren Entwürfe wurde. Im Januar 1975 spitzte sich das Problem innenpolitisch zu, nachdem in Florenz die Abtreibungs-Klinik der Radikalengruppe CISA (Informationszentrum für Sterilisation und Abtreibung, Leitung: Adele Faccio) geschlossen und der leitende Arzt und 40 Frauen verhaftet worden waren. Eine Ausgabe des ›L'Espresso‹ mit provokativem Titelbild (Schwangere am Kreuz) wurde beschlagnahmt. Gleichzeitig löste Pasolinis Artikel eine heftige Zeitungsdiskussion aus. Am 5. 2. reichte die »Lega 13. Maggio« (Radikale, Gewerkschaft, UIL, ›L'Espresso‹ u. a.) den Antrag für ein abrogatives Referendum ein und sammelte in den folgenden Monaten 700000 Unterschriften. Die Parteien versuchten monatelang durch Gesetzesänderung das Referendum zu umgehen, bis sie von riesigen Frauendemonstrationen im Dezember 75 und April 76 so unter Druck gesetzt wurden, daß es Ende April zum Sturz der Regierung und zu vorgezogenen Neuwahlen im Juni 76 kam. Das neue Parlament verabschiedete ein neues Gesetz, das weitgehend dem KPI-Entwurf entsprach (Fristenlösung, freie Entscheidung der Frau). Das Gesetz passierte jedoch erst im Mai 78 – 3 Wochen vor dem drohenden Referendum – die letzten legislativen Hürden.

Reaktionen auf den Pasolini-Artikel
Pasolinis provokativer Abtreibungs-Artikel (auf der Titelseite des ›Corriere della Sera‹) löste eine heftige Diskussion quer durch die Presse aus, u. a. mit Artikeln

von Manganelli, Sciascia, Ginzburg, Calvino (›Corriere‹), Maraini (›La Stampa‹), del Buono (›Il Giorno‹), Pannella, Bocca, Moravia (›L'Espresso‹) Eco (›Il Manifesto‹). Mit unterschiedlichen Argumenten plädierten alle für eine Freigabe der Abtreibung, wodurch die meisten Artikel zugleich zu Anti-Pasolini-Artikeln wurden. Durchgehend der Vorwurf, Pasolinis Argumente seien wirklichkeitsfremd, zum einen weil es darum gehen müsse, das geborene und nicht das ungeborene Leben zu schützen, zum anderen weil es in einem Land mit Millionen von Abtreibungen nicht um Bejahung oder Verneinung, sondern nur um legale oder illegale Abtreibung gehen könne. Interessanterweise setzte sich in der bürgerlichen Presse fast niemand mit dem Aspekt »Abtreibung = Phänomen der Konsumgesellschaft« auseinander. Ausnahme: Die katholische Kirche. Im ›L'Osservatore Romano‹ vom 2. 2. 1975 hieß es in einer »Buchbesprechung«: »...Der Mensch der Wohlstandsgesellschaft verfällt – wenn er erst einmal die Restriktionen der Armut überwunden hat – den Widersprüchen des Wohlstands (...) Die Liberalisierung der Abtreibung ist eine zusätzliche Form der Luxus-Medizin (...) es besteht eine direkte Verbindung zwischen Abtreibung und Konsumgesellschaft (...) die Freigabe der Abtreibung führt zum intrauterinen Völkermord.« Die fast wörtliche Übereinstimmung mit Pasolinis Thesen trug zusätzlich zu Pasolinis Ruf als »Reaktionär« bei. Dacia Maraini: »Ich finde es schade, daß Du Dich – wenn auch auf geniale, skandalöse, sinnliche, phantasievolle, nonkonformistische, im Grunde aber katholische und patriarchalische Art auf die Seite der Verteidiger der »Heiligkeit des Lebens« stellst, die niemals auch nur den geringsten Respekt für das geborene, geschweige denn das ungeborene Leben gezeigt haben« (›La Stampa‹, 25. 1. 75)

Mit der These »Der Koitus ist ein Politikum« befaßten sich die meisten Artikel nur, um sie gegen Pasolini zu wenden, oft in Form satirischer Homosexuellen-Häme. So z. B. Umberto Eco in ›Il Manifesto‹ (Pseudonym »Dedalus«) vom 21. 1.: Pasolini – »der in seinen Filmen all die Arschbacken und Brüste zeigt«, wolle eine Gesellschaft, in der eine homosexuelle Mehrheit eine heterosexuelle Minderheit von Sklaven zur Fortpflanzung zwinge, »was weder Huxley, noch Orwell, nicht einmal Hitler, geschweige denn Fanfani in den Sinn gekommen wäre.«

Bezeichnenderweise brachten nur Radikale und Feministinnen ein gewisses Verständnis für Pasolini auf, während sich die etablierte bürgerliche Linke genüßlich daranmachte, Pasolini als »Schwulen« zu entlarven, was offenbar in den Augen der (männlichen) Kritiker jedes Argument von vornherein entwertete. Eine Diffamierung, die die provozierende Trotzhaltung von Pasolini verständlich macht, zugleich wohl auch einer der Höhepunkte der jahrzehntelangen Hetze gegen Pasolini war. Umberto Eco bekennt in seinem Nachruf auf Pasolini: »Als ich am Radio die Nachricht von seinem Tode hörte, bekam ich sofort Gewissensbisse: Vor ein paar Monaten hatte ich ihn wegen seines Abtreibungs-Artikels mit bewußter Bösartigkeit angegriffen, was er mir damals sehr übelnahm und weshalb er ebenso bösartig zurückgab (mit einer gezielten Bemerkung während eines Interviews). Das Bewußtsein, daß er tot ist, erschlagen auf so üble Art, hat mich in einer Weise schuldbewußt gemacht, als ob die Spuren auf seinem Leib die Striemen einer langen öffentlichen Hinrichtung seien, an der auch ich beteiligt war.« (›L'Espresso‹, 45/1975)

Dieses Schuldgefühl nach Pasolinis Tod, das kollektive Bedürfnis sich zu reinigen, indem man Pasolini reinigte, indem man ihn zum weißen Opferlamm in einem »grauenhaft dreckigen Land« stilisierte, unterschlägt die ketzerischen, teilweise bewußt provokativen Elemente, die Schwierigkeit, sich mit seinen oft schillernden Positionen, mit der Ambiguität vieler Äußerungen auseinanderzusetzen. So gab es z. B. inhaltliche Berührungspunkte mit radikal feministischen Positionen, etwa in der Ablehnung des undifferenzierten »Triumphgeschreis« der Abortisten, oder in dem Versuch, die Abtreibungsdiskussion in eine Diskussion der Sexualität umzuwandeln. (Vgl. dazu M. Wunderle, Die Politik der Subjektivität, Texte der italienischen Frauenbewegung, Frankfurt am Main 1977, z. B. den Artikel »Wir wollen nicht mehr abtreiben«, S. 109: »...die Abtreibung ist das letzte Glied in einer Kette von chemischen und mechanischen Mitteln gegen die Fruchtbarkeit, nachdem die Frau die ganze Kette durchgemacht hat«, oder S. 119: »Die Männer beteiligen sich heute lieber an Demonstrationen für freie und kostenlose Abtreibung als ihr sexuelles Verhalten zur Diskussion zu stellen.«) Gleichzeitig war aber Pasolinis Frauen-Mißachtung eindeutig, was er in einem der Folgeartikel (25. 1., in »Paese sera«) zugab: »Natürlich ist mein »Anti-Abtreibungs«-Artikel unvollständig und leidenschaftlich, ich weiß. Eine meiner Freundinnen, Laura Betti, hat mich darauf aufmerksam gemacht, daß darin die Frau rein physisch gar nicht erscheint. Sie hat recht. (...) Für mich war das Kind wichtiger als die Mutter, weil es sich hier um eine Feind-Mutter handelt.«

De Marsico
Alfredo de Marsico, geb. 1888, führende faschistische Persönlichkeit; Innenminister bis zum 25. 7. 1943; heute noch als Rechtsanwalt tätig, Präsident der Rechtsanwaltskammer von Neapel.

Herz: ›Corriere della Sera‹, 1. 3. 1975

Petrus oder Cynar Aperitifs

Maria Schneider
Filmschauspielerin (›Der letzte Tango‹); das turbulente Ende einer lesbischen Beziehung wurde in der italienischen Presse zum Skandal hochgespielt.

Dino Origlia
Italienischer Psychologe, der im ›L'Europeo‹ vom 13. 2. 75 einen Artikel gegen Pasolini schrieb, wo es u. a. heißt: »Sein Urteil [über die italienische Mehrheit] ist unhöflich, kolonialistisch und faschistisch. Es ist das Urteil, das eine weiße Minderheit über eine schwarze Mehrheit, eine aristokratische Minderheit über Leibeigene äußern würde.«

Beitrag von Calvino
Artikel mit der Überschrift »Was heißt ›Ehrfurcht vor dem Leben‹?« Pasolini bezieht sich auf den ersten Absatz: »Zwei Dinge mißfallen mir besonders in den

Artikeln der Abtreibungsgegner. Erstens die Idee von »Leben« und »menschlicher Natur« als Werten *an sich*, unabhängig davon, was andere dazutun, um es tatsächlich zu einem »Leben« und dazu noch zu einem »menschlichen« werden zu lassen. Man vergißt allzu leicht, daß es kein natürliches Anrecht ist, Mensch zu werden; wir werden es..., weil andere menschliche Wesen uns dabei helfen wollen.«

Von den Glühwürmchen: ›Corriere della Sera‹, 1. 2. 1975

Il Politecnico
Wichtige marxistische Nachkriegs-Zeitschrift für Kultur und Politik, erschien 1945–1947 zuerst wöchentlich, dann monatlich. Herausgeber: Vittorini, Calamandrei, Fortini. Sammelbecken für Resistenza-Intellektuelle, Bezugspunkt für den beginnenden Neorealismus. Die Zeitschrift drückte vor allem das kulturelle Erneuerungs- und Nachholbedürfnis nach über 20 Jahren Faschismus aus. Die Schlußphase der Zeitung war geprägt von der Auseinandersetzung mit der KPI, die in verstärktem Maße versuchte, linke Intellektuelle an die Parteilinie zu binden, »Auftragsarbeit« für die Partei zu erteilen. Die Polemik Togliatti-Vittorini über den Stellenwert fortschrittlicher Kunst war einer der Höhepunkte und zugleich das Ende der Zeitung.

Franco Fortini
Geboren 1917, bedeutender Dichter und Literaturkritiker; Freund Pasolinis. Früher Redakteur bei »Il Politecnico«, der sozialistischen Tageszeitung ›L'Avanti!‹, Moravias ›Nuovi argomenti‹, den marxistischen ›Quaderni piacentini‹. Übersetzer deutscher Autoren: Goethe, Brecht, Döblin.

L'Europeo
Wochenzeitschrift

Montedison
Chemiekonzern mit riesigen Werken u. a. in Sardinien und Sizilien

Die italienischen Nixons: ›Corriere della Sera‹, 18. 2. 1975

Antwort Andreottis
Gegenartikel von Andreotti einen Tag später ebenfalls im ›Corriere della Sera‹, Überschrift: »Ein christdemokratisches Regime hat es nie gegeben.« Andreotti begründet diese Behauptung mit dem Hinweis, die DC habe auch in den Zeiten absoluter Mehrheit nie »auf eine breite demokratische Zusammenarbeit« verzichtet, die anderen Regierungsparteien dürften nicht zu bloßen »Wasserträgern« degradiert werden.

Pasolinis Charakterisierung trifft genau das unverbindlich Phrasenhafte des Briefs. Die Nixon-Anspielung lautet: »Wenn demokratische Alternativen in Sicht wären, so wäre ein Regierungswechsel eine ganz natürliche Sache. In

England oder in den USA ist ein Machtwechsel für die jeweilige Verliererpartei kein Trauma. Sie beschreitet vielmehr als effiziente Opposition den Weg der Wiedergewinnung von Wählerstimmen und einer angemessenen inneren Erneuerung. In Italien aber ist ohne die DC keine Mehrheit im Parlament zu bilden.«

Die Schlußsätze dokumentieren besonders kraß das totale Mißverständnis: »Mit Willenskraft und einem Quentchen Phantasie ist es durchaus möglich, nicht nur den bescheidenen und trügerischen Glanz der Glühwürmchen wieder leuchten zu lassen, sondern echte Hoffnungslichter, die jedoch durch den Erneuerungsbeitrag jedes einzelnen genährt werden müssen. Pasolini irrt sich, wenn er am Horizont der Zukunft irgend etwas Positives zu sichten glaubt, falls tatsächlich ›Kirche, Vaterland, Familie, Gehorsam, Ordnung, Sparsamkeit und Moral‹ keine Rolle mehr spielen sollten. Genügt denn das ›Chaos‹ nicht, das ja nicht zuletzt Folge dieses Wertzerfalls ist, damit ein gebildeter Mensch sich einmal Gedanken macht über den unaufhaltsamen Niedergang, den die so verherrlichte zügellose Freiheit zwangsläufig mit sich bringen muß?«

Der Roman von den Massakern: ›Corriere della Sera‹, 14. 11. 1974

Putsch
Im Okt./Nov. 1974 herrschte in Italien – nach einer Reihe von Bombenattentaten und nach der spektakulären Verhaftung des Geheimdienstchefs General Miceli – die allgemeine Angst vor einem möglicherweise unmittelbar bevorstehenden Staatsstreich in Form eines »Obristenputsches«.

Miceli war verhaftet worden, weil er in den Borghese-Putsch verwickelt war und später versucht hatte, die Querverbindungen von hohen Militärs (Generäle Henke, Ricci) zur Geheimorganisation »Rosa dei venti« zu vertuschen. Die Vernehmungen Micelis ließen Querverbindungen der Putschisten zu ausländischen faschistischen Organisationen in Spanien und Griechenland, außerdem zur Regierung Andreotti, zur Nato und zum CIA erkennen.

Schwache und ideelle Anklage
Pasolini hat 1975 in weiteren Artikeln die kommunistische und sozialistische Partei aufgefordert, die Democrazia Cristiana vor Gericht zu bringen. Da niemand auf seinen Vorschlag einging, hat er selbst im Februar 1975 einen Prozeß gegen die Democrazia Cristiana angestrengt, der allerdings als so abstrus angesehen wurde, daß er kaum Beachtung fand (und natürlich auch zu keinem »Urteil« führte).

Linguistische Analyse...: ›Corriere della Sera‹, 17. 5. 1973

Osservatore Romano
Offizielles Organ des Vatikans; Tageszeitung

Verhältnis Kirche-Staat
Das Bündnis Staat–Kirche wurde im Konkordat (Lateranverträge) von 1929 geschlossen. Der faschistische Staat handelt sich die kirchliche Anerkennung – und damit die Anerkennung in der breiten Bevölkerung – durch weitgehende Zugeständnisse ein: Völkerrechtsstatus des Vatikans (»Vatikanstaat«), Primat der kirchlichen Trauung, Autonomie der kirchlichen Gerichtsbarkeit, das katholische Bekenntnis praktisch als Staatsreligion. Der Vatikan trug damit wesentlich zur Konsolidierung des Faschismus bei und vergrößerte den eigenen politischen Einfluß entscheidend. Die Lateranverträge wurden 1948 als Artikel 7 – gegen die Stimmen der Sozialisten und Laizisten und mit den Stimmen der Kommunisten – in die der Verfassung der italienischen Republik aufgenommen.

Die historische Rede...: ›Corriere della Sera‹, 22. 9. 1974

Neue historische Perspektiven...: ›Corriere della Sera‹, 6. 10. 1974

Sacra Rota
Tribunale della Sacra Romana Rota, Gerichtshof des Hl. Stuhls, höchste und letzte Instanz der katholischen Gerichtsbarkeit. Hauptaufgabe: Annulierung von Ehen. Vertreter der Rota gehörten zu den Initiatoren des Scheidungsreferendums.

Die Kirche, der Penis und die Vagina: ›Tempo‹, 1. 3. 1974 (Besprechung des Buches ›20 sentenze della Sacra Rota‹, hrsg. von Stelio Raiteri, 1974)

Ignazio Buttitta: ›Tempo‹, 11. 1. 1974

Ignazio Buttitta, geboren am 19. 9. 1899 in Bagheria (Palermo), ist der berühmteste lebende italienische Dialektdichter. Die von ihm herausgegebene Zeitschrift für ›Dialekt-Lektüre‹, »La Trazzera«, wurde ebenso wie seine Poesie unter dem Faschismus verboten. Erst ab 1954 wurden seine Gedichte wieder veröffentlicht.

Wenige Verse im friaulischen Dialekt
Die »wenigen Verse« sind 49 Gedichte, davon allerdings 37 eine melancholische Umdichtung früher Dialektgedichte (La meglio gioventù, 1941–1953), 1975 publiziert als Gedichtband »La nuova gioventù«. Der letzte Zyklus »Tetro entusiasmo«, besteht aus 12 neuen Gedichten, die die Leitideen der »Freibeuterschriften« poetisch umsetzen. Dialekt wird als Sprache der »alten Welt« eingesetzt, Italienisch als Sprache des neuen Italiens und des neuen pessimistischen Bewußtseins.

...dennoch arme Waisen.
Zitate aus »Lingua e dialettu«. Auch die vorhergehenden Sätze sind überwiegend versteckte Zitate. So heißt es bei Buttitta u. a.: »Ein Volk / könnt ihr anketten /

nackt ausziehen / knebeln / es ist immer noch frei. – Nehmt ihm die Arbeit / den Paß / den Tisch, an dem es ißt / das Bett, in dem es schläft / es ist immer noch reich. – Es wird arm und geknechtet / wenn ihm die Sprache geraubt wird / das väterliche Erbe / dann ist es verloren für immer. – Es wird arm und geknechtet / wenn die Worte keine Worte mehr gebären / und sich gegenseitig verschlingen. – Ich merke es / während ich die Gitarre des Dialekts stimme / die jeden Tag / eine Saite verliert…«

…was Buttitta immer wieder negiert…
»…Nicht ich sage das / sie sagen es: / ›Wir sind Diebe / und ihr habt es uns beigebracht‹ / Nicht ich sage es / sie sagen es: / ›Unsere Großväter / die Großväter unserer Großväter / unsere Väter / standen im Morgengrauen auf / gingen den langen Weg zu Fuß / kamen in der Dämmerung zurück / schliefen vier Stunden…‹« (aus »I rancuri«; Rede an die Feudalherren)

Das Gefängnis…: ›Il mondo‹, 11. 4. 1974

Goretti
Maria Goretti (1890–1902) starb an der Verwundung, die sie bei der Abwehr eines Sittlichkeitsverbrechens erlitten hatte; 1950 heiliggesprochen.

Die Homosexuellen: ›Tempo‹, 26. 4. 1974

Fragment: Erschien als ›unveröffentlicht‹ zuerst in den ›scritti corsari‹.

La Stampa, Casalegno
Turiner Tageszeitung (FIAT); Casalegno war stellvertretender Chefredakteur von »La Stampa«; er wurde 1977 von den »Brigate Rosse« erschossen.

Almirante
Parteivorsitzender der neofaschistischen Partei MSI (Movimento Sociale Italiano)

Il Popolo
Offizielles Organ der Democrazia Cristiana; Tageszeitung

PIER PAOLO PASOLINI

Eine Biographie

Herausgegeben von Nico Naldini
Eine genaue, reich bebilderte Chronologie zum Leben und Werk Pasolinis, geschrieben vom besten Kenner der Biographie, seinem Cousin Nico Naldini. Das Portrait eines ungewöhnlichen, sanften und doch streitbaren Künstlers, der Italien bewegt hat und von ihm bewegt war.
Aus dem Italienischen von Maja Pflug
Englische Broschur. 352 Seiten mit 170 Fotos

Ich bin eine Kraft des Vergangenen
Briefe

Herausgegeben von Nico Naldini
Zum erstenmal auf deutsch: die Briefe Pier Paolo Pasolinis an Freunde, Schauspieler, Kollegen, Verleger. Ein aufregender Einblick in das Laboratorium eines großen Künstlers – in seine Leidenschaften, sein soziales Engagement, in die Entstehung seiner Bücher und Filme.
Aus dem Italienischen von Maja Pflug
Allgemeines Programm. Blaues Leinen. 320 Seiten

Wagenbach